新版

魂《ソウル》のゆくえ

ピーター・バラカン

PETER BARAKAN

ARTES

二〇一九年版の読者のみなさんへ

『新版 魂《ソウル》のゆくえ』をお届けします。

この本が新潮文庫の一冊として最初に出版されたのは一九八九年七月のことでした。気軽に手に取れる文庫本でしたし、それなりの部数が出ました。ソウル・ミュージックを知らない方のための入門書になれば、という願いはおおむね叶ったと思います。しかし、何年か経って動きが鈍くなったら、残念ながら絶版になったのです。それからまただいぶ経ってから復刊を望んでくれる人たちがいると聞いて、ちょっと驚きましたが、やはり嬉しかったです。

もともと本文がディジタルのデータになっていなかったので、復刊したくてもお手上げ状態が続いていたのですが、音楽之友社から独立してアルテスパブリッシングを立ち上げたばかりだった編集者の鈴木茂さんの手を借りて、やっと復刊できたのが二〇〇八年のことでした。

そのときにもあちこちに手を入れましたが、最も変わったのはCDガイドの部分でした。それからさらに十一年が経過すると、CD自体が次第に過去のものとなりつつあります。

今や世界的にストリーミング・サービスが主流になり、音楽は所有するものという感覚が日本でさえ段々薄れてきています。そんな状況の中でCDガイドにこだわることにあまり意味がなくなりました。お薦めディスクは本文の下に移して、各章の最後に新しくお薦め曲のプレイリストを追加することにしました。

プレイリストはSpotifyで作って、リンクのQRコードも用意しました。無料でアクセスすることが可能なのでいちばんハードルが低いと判断したのですが、他のサーヴィスでもおおむね同じ楽曲が用意されているはずです。

各プレイリストについて簡単な解説も書きましたが、この形にすると、コンピレイションでしか入手できない曲や、アルバム単位では必ずしもお薦めしないけれどこの曲だけは特別、というものなど、これまで網羅しにくかった部分もカヴァーできたつもりです。

とはいえ、おそらくどなたもプレイリストを見ながら、「あの曲はどうして入っていないの?!」という例が次々と浮かぶと思います。本当に際限のない作業ですし、本のページ数もやたらに増やすわけにもいきません。どうぞご自身の納得がいくプレイリストを工夫してみてください。

映像に関しては、以前紹介したDVDは二〇一九年の現在では廃盤のものも多くなり、それぞれのアーティスト名やタイトルで検索してYouTubeで探す方が効果的でしょう。ブックガイドで紹介していた本も、ほとんどが絶版になってしまったので、今回はどちらも割愛しました。

アルバムや曲目などお薦め作品のタイトルとアーティスト名は英語と日本語の両方で表記していますが、ぼくの表記は必ずしもレコード会社と同じではありませんし、そのまま検索しても見つからない可能性があります。しかも例えばジェイムズ・ブラウンの場合、会社によってジェームズだったり、ジェームスだったりするので、いずれにしても悪夢です。コンピュータはとても便利な道具ですが、まだまだ人間の脳のように融通が利くものではありません……だからプログラムされた音楽にはソウルがあまり感じられないのでしょうね。

さて、前置きはこのへんにして、時計の針を思いっきり戻してお付き合いください。

新版　魂のゆくえ●目次

PLAYLIST

※本書は『魂のゆくえ』(二〇〇八年、アルテスパブリッシング刊)の改訂新版です。
※各プレイリスト解説の末尾に、SpotifyへのリンクQRコードを付けましたので、ご利用ください。

00

はじめに

——ぼくにとってのソウル・ミュージック

本を書きたいなんて、一度も思ったことはありません。

そもそも文才がないことは誰よりも本人が一番よく分かっているつもりです。中学生の頃もっとも苦手としていた作文の先生は、ぼくのことを完全に見捨てていました。イギリスの教育制度で重要な位置を占める「O・レヴェル」という試験（十五〜十六歳で受けるもので、高校に進むかどうかはこれ次第。今はGCSEと呼ばれています）でいい成績がとれたのはまさに驚きでしたが、それにはわけがありました。その試験の作文は、与えられたテーマの中から一つを選ぶ仕組になっており、ぼくが選んだテーマは「ポップ・レコードがチャートの上位まで上がるためにはどんな条件が必要か」というものでした。ふだんの作文のテストで与えられていた「夕焼の景色を形容しろ」などでは何も書けなかったぼくでも、さすがにこの時には持てるものを全部発揮できたはずです。

ところが、それは一回きりのことでした。試験のためでもなければ、文章を書く意欲などまったく持っていない人間で、そんな時間があったらレコードを聞く方がよっぽどよかったのです。レコードはとにかく聞きまくりました。

一九七四年に日本に来て初めて勤めたのはシンコー・ミュージックの国際部で、仕事の主な内容は英語で手紙を書くことでした。それ以外に原稿を書く機会といったら、シンコーが出版している雑誌にときどきレコード評を頼まれて書いていたくらいですが、今振り返ってみるとよく引き受けたものです。いやと言えない性格が自分をこんな立場に追い込んだわけです。

もう一つ、今までにやったことで一度もやろうと思ったことがないのは、テレビ出演です。ラジオ番組のディスク・ジョッキーは学生の頃から憧れていた仕事だったので、自分の選曲による番組を担当するようになった時は本当に幸せな気分でした。でも、テレビにはほとんど魅力を感じなかったぼくが、『ポッパーズMTV』の司会の仕事はまたずいぶん簡単に引き受けてしまったものです。決して後悔しているわけではありません。『ポッパーズMTV』を放映した三年半の間に多くを学ぶことができましたし、仕事が広がるきっかけにもなりました。そして、よくも悪くもテレビという媒体の力を思い知らされました。本人はただの音楽愛好家のつもりなのに、気が付いてみたら評論家とかタレントとか、はたまた「文化人」と勘違いする人が増えてしまいました。これはじつに困った現象で、大変不得意な仕事の依頼が毎日のように来るようになりました。エッセー、講演会、本の執筆……「何を考えているのだろうか」と思いながら、断るのに非常に苦労したものです。

この本の編集者からも何度か依頼があったのを全部断ってきていたのですが、一九八八年にＮＨＫ－ＦＭでぼくが作った五回の特集番組『What is Soul?』の内容を本にしませんか、という話に初めてピンときました。

ソウル・ミュージックはもともと大好きです。どうやら〝ブリティッシュ・ロックのバラカン〟というイメージがあるようですが、たとえばぼくが毎月『シティロード』誌（エコー企画、一九九二年休刊）で担当していたコラムで判断してもらえばお分かりのように、むしろ〝ブラックのバラカン〟の方が正確かもしれません。もちろんぼくはどのジャンルの音楽の専門家でもなくて、強いて言うなら〝良い音楽の専門家〟になりたいけれど、自分以外にそれを良いものと認めてくれる人が何人いるか保証できるものではないし……。

一九六〇年代にロンドンで育った者ならだれでもソウルが好きだと思いますが、最近は昔よりも魅力を感じているかもしれません。『What is Soul?』の前にも、やはり五回にわたって『ジャイアンツ・オヴ・ソウル』という特集番組を作ったことがありました。そういった特集番組の企画を考える時、まず最初に浮んでくるテーマはソウルなのですが、今の自分にとってなぜソウル・ミュージックがこんなに大事なのか、この本では自分のためにもそれを探ってみることにします。

日本で出版されているソウルを扱った本は、専門家が専門家のために書いている印象が強い。そんな本も必要でしょうが、ぼくはむしろソウルのことを知らない人にこの本を読んでもらいたいと思っています。本当はぼくが書くより、アメリカやイギリスで素晴らしい本がいくつも出ているので、そのうちの一冊でも自分で翻訳して出せればそれでいいのです。でも、そうした翻訳書の読者は日本では限られてしまうとのことで、代わりにこの本がなんらかの形でその読者作りのための第一歩になれば嬉しいです。自分がこれまで読んできた英米の色々な本を参考にしながら、ソウルのストーリーを大づかみに語っていく中で、大きなテーマのようなものが見えてくるでしょう。

さて、なぜソウルなんでしょうか。まずぼく自身が一番解放される音楽なので、その解放感をできるだけたくさんの人と分かち合いたいのです。ソウルが今現在も進行形で作られている音楽ならそれは簡単なことのはずです。ところが、違うのです。ごくわずかの例外を除けば、ソウル・ミュージックは七〇年代半ばには終わってしまったと言っていいと思います。

一九八八年に、珍しく黒人の評論家が書いた『The Death of Rhythm & Blues（『リズム&ブルースの死』林田ひめじ訳、早川書房、一九九〇年）というブラック・ミュージックの本が出版されました。著者のネルソン・ジョージは、アメリカの音楽業界誌『ビルボード』で以前ブラック・ミュージックのコラムを書いており、日本語訳も出版された『Where Did Our Love Go?: The Rise And Fall Of The Motown Sound』(『モータウン・ミュージック』同前、一九八七年)の著者でもあります。アメリカ黒人の中産階級が増えれば増えるほど、彼らが作る音楽が、長い伝統を持つリズム&ブルーズから外れてきたことを説いたこの本は大変興味深く、だいぶ前からぼくが漠然と感じていたことを、ジョージ氏はとても説得力を持って裏付けてくれました。その辺の話はあとでさらに詳しく述べるとして、まずここでぼくとソウル・ミュージックとの出会いについて少々書いておきましょう。

この本は決して自伝のつもりではないのだけれど、時代背景をはっきりさせるためにも、ぼくが一九五一年八月二十日にイギリスのロンドンで生まれたことをはじめに記しておきます。ですからロックンロールが〝誕生〟した五六年には、まだ小学校に入るか入らないかくらいの歳でした。

まだうちにテレビはなかったし、もちろんロックンロールというものへの意識はまるでなかった頃ですが、毎週土曜日の朝にBBCのラジオで聞いていた子供向けのリクエスト番組の、きわめて健全な選曲(イギリスのEMIレコードから、この「Children's Favourites」という番組でよくかかった四十六曲を集めた『Hello Children Everywhere』という二枚組のCDも出ています)の中から、時々毛色の変わった曲が聞こえてきて妙な興奮を覚えることがありました。初期のエルヴィスのヒット曲がわりとよくかかった記憶がありますが、小学生のぼくが好きで好きでたまらなかったのはコースターズです。彼らの音楽は間違いなく偉大なるアートだと思います。そしてそうした音楽は、すべての優れたアートと同様に、様々なレヴェルで、人それぞれ自分なりに解釈することができます。

今ならぼくも、コースターズのすばらしさは、ほとんどの曲を作曲、プロデュースしていたジェリー・リーバーとマイク・ストーラー（二人とも白人）の鋭い皮肉感覚と、コースターズの面々（全員黒人）のニュアンスに富んだ演技力の両方がかもし出すブラック・ユーモアにあることがよく分かりますが、八歳ぐらいだったあの頃のぼくにとって、彼らの音楽はどたばたのスラップスティック・コメディでした。親が悪童に向かって「ゴミを出したり、家のことを手伝わないと小遣いをやらんぞ、それに、親にそんな生意気な口をきくなよ、こら！」と叱る〈ヤケティ・ヤク〉や、学校の中でありとあらゆるいたずらをして思い切り悪ガキぶりを発揮する〈チャーリー・ブラウン〉の歌詞は、小学生なりのパンク心に響いたものです。

父親がレコード・プレイヤーを買った六〇年まで、ラジオから流れてくるこういう曲をどんなに楽しみにしていたか、今の若い世代の方には想像もできないでしょう。などと書くとえらく歳をとった気持ちになってしまいますが、今でこそレコード・プレイヤーのない生活は想像できないけれど、当時はスイッチを入れてから音が出るまでに一分くらいかかる真空管式のラジオにずいぶん頼っていたものです。

とにかくレコード・プレイヤーを買ったとたんにぼくのレコード購入歴人生が始まりました。初めて買ったシングル盤はクリフ・リチャード、ＬＰはザ・シャドウズでした。本当はマディ・ウォーターズとでも言いたいんだけど、実際にはそんなカッコいいものではありませんでした。

一九六二年にビートルズが登場したときは十一歳で、学校で当然大きな話題になりました。それまでラジオで聞いたり、テレビで観たりしていたイギリスの歌手たちは、あの当時のぼくたちにとってもつまらない、いかにも健全なイメージのポップ・シンガーでした。もっとタフで不良っぽい感じのロッカーも一応いましたが、アメリカのそれと比べたらかわいらしいものでした。

念のために書いておくと、その中でビリー・フューリーだけは本物の雰囲気を持っていました。でも、ビートルズはもっともっと見事に不良っぽかった。デビュー当時の写真を今見ると、もちろんスーツはダサいし、ショッキングなほど長いとされていた髪も短い感じさえして、時代がいかに変わったかが分かります。

翌年にレコード・デビューしたローリング・ストーンズも、ビートルズよりさらに不良な感じがして、とてもスリリングなバンドでした。ぼくは一番最初に出たシングル〈カム・オン〉から熱狂的なファンになり、レコードが出る度にレコード屋にすぐ走って買いに行くようになりました。六〇年代前半にはその後、アニマルズ、サーチャーズ、キンクス、マンフレッド・マン、ホリーズ、プリティ・シングズ等々、名前を羅列するだけで一冊の本が書けそうなほどのビート・グループが現れます。

一作目のシングル曲から必ず自分たちで作曲していたビートルズを除くと、他のグループは初期にはオリジナル曲が少なく、他人の曲を多く取り上げていました。そしてそのほとんどの曲はアメリカの黒人のレコードからとったものです。ビートルズが有名にした曲のオリジナル・ヴァージョンばかり集めた『ザ・ビートル・クラシックス』というコンピレーション・アルバムが出たことがあります（ストーンズ版も出ました）。収められた曲のなかには初めて耳にするものも多く、デビュー当時のビートルズやストーンズがいかにマニアックな選曲をしていたかを物語っています。

その影響ですぐにブラック・ミュージックに走ったというわけではありませんが、ストーンズのレコードを何十回も聞いているうちに、レコード盤のレーベルに記載してある作曲者の名前も気になるし、例えば〈モーナ〉を作った人はどんな顔をしているのだろうとか、〈アイム・ア・キング・ビー〉を歌ったのは誰だろうとか、色々と知りたくなったものです。

またビートルズもストーンズも、自分たちがインスピレーションを受けたミュージシャンや歌手の名前をしょっちゅう雑誌やラジオのインタヴューで宣伝していたので、彼らから直接素晴らしいレコードを教えてもらうことも度々でした。ボブ・ディラン、モータウンのマーヴィン・ゲイやスープリームズその他大勢、ハウリン・ウルフ、オーティス・レディング等々は、イギリスの最も人気の高いミュージシャンによって強力に宣伝されていたわけですから、レコード会社の仕事はずいぶん楽だったはずです。

六〇年代半ばのイギリスにおけるソウル・ミュージックの人気は大変なもので、とくにモッズの間では絶対的でした。モッズ、というと日本ではファッションだけで捉えられがちです。短い文章で説明するのも難しいのですが、『さらば青春の光』（フランク・ロダム監督）という映画を観ればその実態が非常によく分かります。あの映画ほどぼくの青春時代を如実に捉えたものはありません。日本で最初に公開された一九七九年にはほとんど客が入らなかったそうですが、今ならＤＶＤで発売されているので観ることができます。いわゆる原作に当たるのはザ・フーの〝ロック・オペラ〟（どうもこの呼び方には抵抗を感じるけど）『四重人格』で、イギリスのロックの黄金時代に関心がある人にはかなり見応えのある作品です。ちなみにポリースでデビューする前のスティングが、この映画に初出演して、きわめつきのモッズを演じているという付加価値（？）もあります。

モッズになるには三歳ほど若かったぼくも、とりあえずそれ風の洋服を揃えたり

（今思うと相当生意気なガキでした）、珍しく親の許可が出た時にウェスト・エンドのクラブへ出かけて、R&Bに近いイギリスのバンドを観たり、ランブレッタのスクーターにも、免許が取れる十六歳の誕生日が永久に来ないのではないかと思うほど憧れていました。ようやくその日が訪れた一九六七年にはモッズはもう存在していなかったけれど、それでも中古のランブレッタを買って、乗りまくりました。

しかし、時代はすでにヒッピー／サイケデリックへと移行し、音楽は目まぐるしい速さで変わりはじめていました。ぼくも新しい波にみんなと一緒に流され、次から次へと色々な音楽に出会った時期です。高校時代はどっぷりとブルーズに漬かっていましたが、しばらくの間ソウルとは離れました。もちろん依然としてラジオから流れてきたヒット曲は聞いていましたが、六〇年代後半には音楽（つまりロックのこと）がヒット曲中心のシングル盤志向から、LP（アルバム）中心にだんだん変わっていったのに、ソウルはまだまだアルバム単位でレコードを買うものにはなっていなかったのです。

ソウルと縁が遠くなったもう一つの理由は、日本人には少し分かりづらいかもしれないけれど、スキンヘッズの存在です。自分が生きた時代なのにはっきりした脈絡が分かりませんが、このスキンヘッズという連中は、消えてしまったモッズから生まれてきたというイメージが強いです。十五〜十六歳のこの青年たちは、一人ではまったく目立たないのに、大勢で集まるとじつに怖かったのです。学校からの帰りに降りるバス停のそばに、このスキンヘッズがたむろする「ウィンピー」というハンバーガー屋があり、当時長髪だった（彼らに最も狙われやすい格好）ぼくはいつも怯えながら、彼らに気づかれないようにこっそりと店の前を通るようにしていました。

それはともかく、このスキンヘッズが大変いやな存在だったことは分かってもらえるでしょう。彼らが得意としていた音楽はソウル（と、のちにはレゲェ）だったので、ぼくらとしてはそのふたつのジャンルは絶対に聞きたくない感じでした。だから一九六八年から七一年ごろまでの間に出た数々のソウル・クラシックのレコードと出会ったのは、少し後になってしまいました。

大学を卒業した一九七三年の秋から勤め始めたレコード店で一緒に働いていたジャマイカ系の二世と、どことなく元スキンヘッズ風の店長は、二人ともブラック・ミュージックが非常に好きで、朝から晩まで店内で流していました。ぼくもいつの間にかアイズリー・ブラザーズやクール&ザ・ギャングやザ・JBズやカーティス・メイフィールドのファンになり、また久々にジェイムズ・ブラウンの凄さを再発見しました。このころはかなり運命的な（?）時期だったな、今振り返ってみると……。出たばかりのボブ・マーリー&ザ・ウェイラーズの傑作『キャッチ・ア・ファイアー』と出会ったのも同じ頃で、そのショックと快感は一生の思い出として残るでしょう。

自伝のつもりじゃないと書いたのに、すでに語りすぎたかな。本文中にも個人的なコメントや体験についての話も色々出てきますが、前にも書いた通り、これは専門家のための本でもなく、ソウルの教科書でもありません。ソウル・ミュージックとともに何かがなくなった、とぼく自身はこの頃ずっと感じていて、その何かはいったいどんなものか、その正体をちょっと考えてみたい、そう思ってこの本を書きました。

また、多くの音楽書に出てくるチャートのデータはほとんど入れないことにしました。そういったデータの本はビルボード社その他から多く出版されているので、興味のある方はそちらを参照してください。

もうひとつお断りしておかなくてはならないのは、本文中の固有名詞のカタカナ表記に、日本で一般的に使われているものと異なっている場合が多いことです。違和感のある方もいると思いますが、母語の英語の発音にできるだけ近い表記を使わせてもらいました。

まとまりのないことを書き続けてしまいました。では、そろそろ本題に入りましょう。

01

ゴスペルの話から始めよう

――ソウル前史

ゴスペルの始まり

ソウルの歴史を振り返るにあたって、まず最初にゴスペルの話をしましょう。あまりお勉強っぽくするつもりはないけれど、ソウルのことを理解するためにはゴスペルの背景に関する知識がある程度必要です。

十七世紀から始まった奴隷貿易によって、アフリカ大陸からアメリカへ奴隷として運ばれた黒人たちは、主に南部の綿花農場などで働かされていました。彼らの持ち主である白人農園主は、奴隷たちをなるべく弱い立場にとどめておくため、彼らの精神を高揚させるアフリカの音楽や踊りを禁止します。娯楽としての音楽を取り上げられた奴隷たちに残されたものは、農作業をしながら歌うワーク・ソングと、日曜日に教会で歌う賛美歌だけでした。彼らは強制的にアフリカの文化を捨ててキリスト教徒に改宗させられたのですが、キリスト教では今現在の生活よりも、死んだあとの天国のほうが魅力的に描かれているので、生きている間にろくなことがない奴隷たちにとっては、その教えが現世で唯一の救いとなったわけです。

その当時の南部の黒人の多くが入信していたバプティスト派では、「Make a joyful noise unto the Lord」という言葉がよく使われます。これは「神に喜びの音を差し上げる」という考え方を表したものです。熱狂的な演説のような説教で信者の気持ちを高揚させたので、黒人たちが集まる教会内の雰囲気は、英国教会派の静粛な感じとは正反対のにぎやかなものでした。白人の賛美歌を口伝えで歌っているうちに、コール・アンド・レスポンスと呼ばれる呼応式のかけ合いや、シンコペイトしたリズムなどのアフリカ的な要素が加わり、しだいにニグロ・スピリチュアル（黒人霊歌）が仕立てあげられていきます。

一八九〇年代には、貧しい黒人層にさらにアピールするホーリネス派という宗派が急激に人気を集め始めます。ホーリネス派ではオルガン、ピアノのほかにリズム楽器の使用が許されていました。そのために感情を激しく表現する陶酔的なシャウトや、ダンス、楽器演奏がニグロ・スピリチュアルに持ち込まれ、この教会の中では、黒人たちがふだん表現させてもらえない、文化的な欲求というか、人間が誰でも持っている「何かを表現したい」という欲求が爆発しました。こうしてゴスペル・ミュージックが生まれていくのです。

ゴスペル・ソングの形成

ゴスペルが「聖」の音楽だとすれば、昔の南部の黒人の世界では「俗」の音楽はブルーズになるわけですが、南部の田舎では、田舎になればなるほど、敬虔《けいけん》なキリスト

V.A.

"Testify!: The Gospel Box"

一口にゴスペルといっても様々なスタイルがあります。40年代のカルテット・スタイルから90年代のヒップ・ホップ時代まで様々なスタイルのゴスペルを網羅したこの３枚組ボックスには、ブラインド・ボイズ・オヴ・アラバマやステイプル・シンガーズをはじめ、ゴスペル界の立役者たちがずらりと勢揃いしています。これだけ聴けばソウルへの理解もずいぶん深まるはずです。 Rhino, 1999

教の信者が多くて、彼らは教会以外の娯楽の音楽を認めませんでした。ブルーズは悪魔の音楽だ、と考える人たちも多かったのです。それにもかかわらず、音楽的にはゴスペルとブルーズにはかなり共通している特徴があります。

現在のゴスペル・ソングの形を作ったのは「ゴスペル音楽の父」と呼ばれるトマス・A・ドーシーですが、彼は一九二〇年代にはジョージア・トムという名前で、きわどい歌詞の曲を得意とするブルーズ・シンガーとして活動していました。そのことも彼がゴスペルとブルーズを結びつけることのできた大きな理由のひとつです。彼は三〇年代初めに俗世界を捨てて教会で音楽の活動を始め、一般に黒人の教会で歌われている賛美歌の多くを書いたり、昔からあった曲に編曲をほどこしました。

そして、ドーシーはナショナル・コンヴェンション・オヴ・ゴスペル・シンガーズを設立し、彼の作になる〈プレシャス・ロード〉や〈ピース・イン・ザ・ヴァリー〉などのゴスペル・ソングを普及させます。そして、「ゴスペルの女王」と呼ばれたマヘイリア・ジャクスンらがそれを全国へ広めていきました。

ゴスペルの黄金期

ゴスペルは四〇年代半ばから五〇年代にかけて黄金期を迎え、五〇年代以降のリズ

MAHALIA JACKSON
"The Essential"

今もゴスペル歌手の最高峰という評価を受けているマヘイリアは生涯宗教的な内容の歌しか歌いませんでしたが、ブルージーな要素をふんだんに取り入れた彼女の歌い方はソウルそのものです。50年代から60年代の有名な曲を集めたこのベスト盤には、映画『真夏の夜のジャズ』がマヘイリアの圧倒的な存在感を捉えた58年のライヴも含まれています。

Columbia, 2004

ム&ブルーズ(R&B)からソウルへの発展に大きな影響を与えることになります。アポロやキング、サム・クックの項で触れるスペシャルティといった新しい小レーベルがゴスペルのレコードで成功を収め、ラジオ番組や旅回りの興行も盛んになりました。当時の人気グループには、アリーサ・フランクリンに大きな影響を与えたクララ・ウォードをフィーチャーしたフェイマス・ウォード・シンガーズや、シャーリー・シーザーらを育てたアルバティーナ・ウォーカーズ・キャラヴァンズ、初期のステイプル・シンガーズらがいます。

しかし、なによりも隆盛を極めたのはゴスペル・クァルテットと呼ばれる(必ずしも四人とはかぎりません)男性の無伴奏コーラス・グループです。のちにサム・クックが加わるソウル・スターラーズは、ゴスペルとソウルのコーラスに決定的な影響を与えた四声のハーモニーを作りあげました。ファルセットとシャウトするリードの対比を売り物にしたスウォン・シルヴァートーンズはテンプテイションズなどの原型になりました。

こうしたゴスペル・クァルテットのヴォーカル・スタイルは、五〇年代のソウル・シンガーたちに多大な影響を与えることになります。

THE SOUL STIRRERS
"The Last Mile Of The Way"

当時ゴスペル界の大スターだったR.H.ハリスに代わって、1951年に名門カルテットのソウル・スターラーズのリード・ヴォーカルに抜擢されたのが無名の若者サム・クックでした。56年までメンバーとして活動する間に彼の存在感はみるみる強烈になり、ライヴでは若い女性客が失神するほど人気に。のちのポップ・スター、サムのルーツを知る上でも貴重な音源です。 Specialty, 1994

1	**Jesus Hits Like The Atom Bomb** ジーザス・ヒッツ・ライク・ジ・アトム・ボム	Pilgrim Travelers ピルグリム・トラヴェラーズ
2	**Touch The Hem Of His Garment** タッチ・ザ・ヘム・オヴ・ヒズ・ガーメント	Soul Stirrers ソウル・スターラーズ
3	**Nearer To Thee (live)** ニアラー・トゥ・ジー	Soul Stirrers ソウル・スターラーズ
4	**Swing Down Chariot** スウィング・ダウン・チャリオット	Staple Singers ステイプル・シンガーズ
5	**Uncloudy Day** アンクラウディ・デイ	Staple Singers ステイプル・シンガーズ
6	**Wade In The Water** ウェイド・イン・ザ・ウォーター	Staple Singers ステイプル・シンガーズ
7	**Take My Hand, Precious Lord** テイク・マイ・ハンド、プレシャス・ロード	Mahalia Jackson マヘイリア・ジャクスン
8	**In The Upper Room** イン・ジ・アッパー・ルーム	Mahalia Jackson マヘイリア・ジャクスン
9	**Didn't It Rain** ディドント・イット・レイン	Clara Ward クラーラ・ウォード
10	**Up Above My Head I Hear Music In The Air** アップ・アバヴ・マイ・ヘッド、アイ・ヒア・ミュージック・イン・ジ・エア	Sister Rosetta Tharpe シスター・ローゼタ・サープ
11	**That's Enough** ザッツ・イナフ	Dorothy Love Coates & The Original Gospel Harmonettes ドロシー・ラヴ・コーツ＆ジ・オリジナル・ゴスペル・ハーモネッツ
12	**People Get Ready** ピープル・ゲット・レディ	Impressions インプレションズ
13	**Oh Happy Day** オー・ハッピー・デイ	Edwin Hawkins Singers エドウィン・ホーキンズ・シンガーズ
14	**Mary Don't You Weep** メアリー・ドント・ユー・ウィープ	Aretha Franklin アリーサ・フランクリン
15	**Nobody's Fault But Mine** ノーボディズ・フォールト・バット・マイン	Blind Boys Of Alabama ブラインド・ボイズ・オヴ・アラバマ
16	**Joshua** ジョシュア	Bobby McFerrin ボビー・マクフェリン

ゴスペルはおおまかにカルテット、ソロ歌手、合唱団の三種類に分けることができるので、それぞれのスタイルから選んでみました。

ピルグリム・トラヴェラーズ①はカルテットの大御所。サム・クックのよき相棒となったJ・W・アレクサンダーもメンバーだったグループですが、イエス・キリストの威力を原子爆弾に例えるあたりから時代背景（一九四〇年代終盤）が伺えます。

続くソウル・スターラーズは途中からサム・クックがリード・ヴォーカルとして加わった名門カルテットです。その時期の有名曲②と、このグループのカリスマ性が分かるライヴの曲③を選びました。

父親と子供たちによるステイプル・シンガーズ④⑤⑥はやや変わり種のカルテットです。七〇年代のメッセージ・ソウルが有名ですが、まだ一般的には知られていなかった五〇年代の古典的なゴスペルの作品も素晴らしく、当時一〇代だったメイヴィス・ステイプルズの声はすでに一級品です。

ソロ歌手では何はともあれマヘイリア・ジャクスン⑦⑧です。ゴスペル以外はまったく歌わなかった敬虔《けいけん》なキリスト教徒でしたが、映画『真夏の夜のジャズ』で歌う彼女の姿を見れば無神論者でも涙がこぼれるはずです。クララ・ウォード⑨もゴスペル界の大スター、そしてC・L・フランクリン牧師の親友でもあり、彼の娘アリーサ・フランクリンに及ぼした影響も絶大です。

エレクトリック・ギターをバリバリ弾くシスター・ローゼタ・サープ⑩は、ゴスペルといえどもロックンロールに負けずエクサイティングです！ドロシー・ラヴ・コーツ⑪も迫力満点で、レイ・チャールズあたりが大いに影響を受けているスタイルです。

ソロ・デビューするまでカーティス・メイフィールドは長い間インプレションズのリード・ヴォーカル、そしてメインのソングライターでした。ゴスペル・グループとは言い切れないにしても、この名曲⑫は十分にその雰囲気を持っています。

多くの音楽ファンが初めてゴスペル・ミュージックに接したきっかけはたぶん一九六九年のエドウィン・ホーキンズ・シンガーズ⑬でしょう。この世界的な大ヒット曲は今も色褪せません。

　アリーサ・フランクリンは一九七二年に自分の企画として、大の仲良しジェイムズ・クリーヴランドが拠点とするLAの教会でゴスペルのライヴ・アルバムを作ることにしました。それが皆の予想を上回る大傑作になって、彼女が発表した数々のアルバムの中でいちばんの売り上げを記録したのです。

　そのコンサートの模様をシドニー・ポラック監督が撮影し、当時映画として公開されるはずでしたが、ズッコケてしまうことにポラックは複数のカメラを同期するために「カチンコ」を使うことを忘れたらしく、編集する段階で音声を合わせることができませんでした。歌う人の口の動きで合わせると際限なく時間がかかり、ポラックは『追憶』の撮影が後に控えていたので仕方なく断念、アリーサの『アメイジング・グレイス』はそのままお蔵に。数十年後にアトランティック・レコードに入社した若いスタッフが再び編集作業に取りかかり、奇跡的に映画は完成しましたが、試写会を開こうとするとアリーサ本人がクレイムをつけ、せっかくの作品は公開できない状態となりました。

　二〇一八年にアリーサが亡くなった後、彼女の遺族との話し合いが簡単につき、翌年の春についに『アメイジング・グレイス』が公開の運びとなって、絶賛を浴びます。ここで選んだ曲⑭は昔からあるスピリチュアル（黒人霊歌）の名曲。最近発表されたプリンスのピアノ弾き語りヴァージョンも素晴らしいです。

　最後にスピリチュアルをさらに二曲選びました。ブラインド・ボイズ・オヴ・アラバマ⑮は一九三九年に結成された伝説のカルテット（最初は五人でしたが、四声なのでカルテット）で、基本的にアカペラでゴスペルしか歌わない人たちです。時代と共にメンバーも変わりました。この曲が入っているアルバムではローリング・ストーンズやトム・ウェイツの曲も歌っていますが、歌詞に納得が行けばOK。

　最後の曲⑯はボビー・マクフェリンがスピリチュアルだけを自分のスタイルで解釈したアルバム『Spirit You All』からの選曲で、最も有名な曲のひとつです。

02

R&Bからソウルへ

——レイ・チャールズ、サム・クック、ジェイムズ・ブラウン

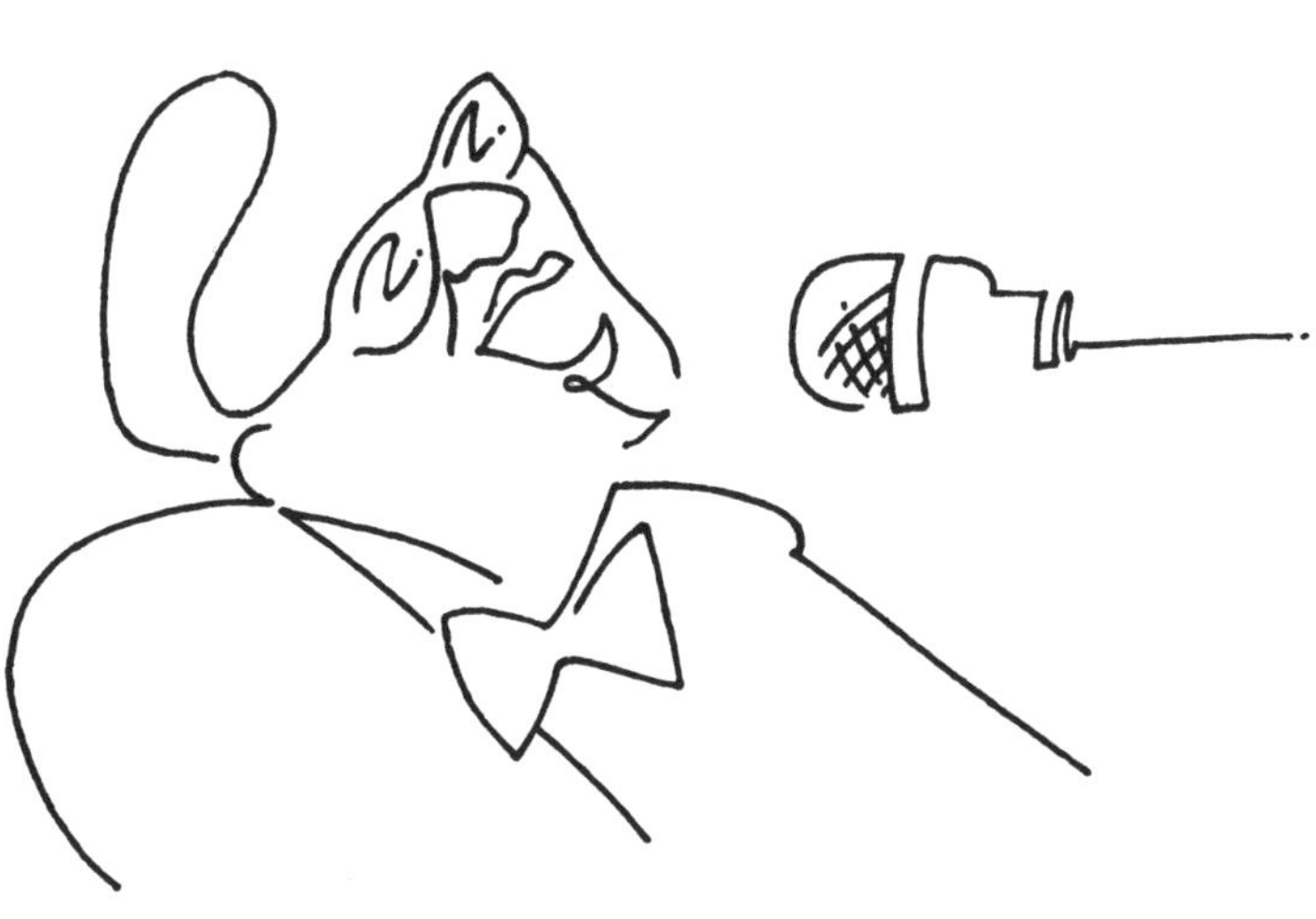

リズム&ブルーズの誕生

第一次世界大戦後に北部で重工業が発達したため、労働力の需要が高まりました。それに伴い、南部黒人の北部大都市への大量移動が始まります。南部の綿作農業では機械と除草剤の導入によって必要な労働力が減ったこともあって、シカゴやデトロイトなど北部の大都市は、南部で厳しい暮らしを強いられていた彼らを引きつけ、南部から北部へと移動する黒人の数は加速度的に増えていきました。四〇年代から五〇年代にかけては約四百万人の黒人が南部から北部へ出ていったとされています。

この移動の当然の結果として、南部生まれのカントリー・ブルーズは北部の都市に植え替えられることになります。そして都市での生活という環境の変化と、三〇年代にエレクトリック・ギターが、四〇年代にエレクトリック・ベースが開発されるという電気楽器の影響もあって、強いビートと叫ぶようなヴォーカル・スタイルを持つリズム&ブルーズ(R&B)が誕生します。

そのスタイルの形成にあたっては、ジャズの世界でのブギウギのブームが重要な役割を果たしました。まずルイ・ジョーダンやキャブ・キャロウェイなどによって、ブギウギのリズムを取り入れたジャンプ・ブルーズと呼ばれる新しい都市型の音楽が生まれ、これがリズム&ブルーズの源流のひとつとなります。

LOUIS JORDAN **"The Best Of Louis Jordan: 20th Century Masters ~ The Millennium Collection"**

ルイ・ジョーダンは終戦直後のブラック・ミュージック界で、まだR&Bという名で呼ばれる前にその新しいスタイルを確立した伝説の大物です。黒人の日常生活の描写をおもしろおかしくアップ・テンポのジャンプ・ブルーズに乗せてサックスを吹きながら歌う彼は、戦争を生き抜いた人たちに独特の癒しを与えました。ソウルを築いた人たちは誰もが彼の大ファンでした。 MCA, 1999

そこにはまだゴスペルの要素はあまり出ていません。ゴスペル色の強いリズム&ブルーズが出てくるのは、数年後のレイ・チャールズなどの登場まで待たなければならないのです。

ただし、その先駆者的存在としてまず紹介しておきたいのが、ロイ・ブラウンです。彼は四〇年代終わりから五〇年代前半に人気があったシンガーで、エルヴィス・プレズリーが取り上げた〈グッド・ロキン・トゥナイト〉のヒットで知られています。音楽的にはジャズっぽいリズム&ブルーズというか、ジャンプ・ブルーズなのですが、歌い方そのものにはゴスペルの高揚する部分が少し出てきています。だから彼は最初のソウル・シンガーともいわれていて、レイ・チャールズやジェイムズ・ブラウンへの橋渡し的存在と言えるでしょう。

そして五〇年代に入ると、そのレイ・チャールズやサム・クック、ジェイムズ・ブラウンらがR&Bの世界にゴスペルの要素を持ち込んで、六〇年代のソウル・ミュージックの基礎を作りあげていきます。

先駆者レイ・チャールズ――聖と俗の融合

〈ワッド・アイ・セイ〉、〈我が心のジョージア〉、〈愛さずにはいられない〉などの

BILLY WARD & HIS DOMINOES
"Sixty Minute Men: The Best Of Billy Ward & His Dominoes"

のちに初期ドリフターズのリード・ヴォーカルとして脚光を浴びたクライド・マクファターもメンバーだった、このR&Bヴォーカル・グループは、50年代初頭にヒット曲を出しました。なんといっても、セクシーな低音のヴォーカルで60分にわたって「彼女をどうやって楽しませるか」という、ちょっと際どいユーモラスな歌詞が特徴の〈Sixty Minute Man〉が素晴らしいです。 Rhino, 1993

大ヒットで世界的に知られるレイ・チャールズ。二〇〇三年に七十三歳で亡くなりましたが、全盛期の彼の歌をリアル・タイムで聞いたことがない世代でも、ジェイミー・フォックス主演の伝記映画『レイ』(テイラー・ハックフォード監督、二〇〇四年)を観れば彼の輝かしいキャリアがよく分かります。

レイ・チャールズは三〇年にジョージア州に生まれました。六歳の時に全盲となり、孤児となった十五歳の時にプロのミュージシャンの道に入ります。最初は西海岸のシアトルへ行って、ナット・キング・コールのスタイルを真似ていました。キング・コールはあまり黒っぽくない洗練されたヴォーカル・スタイルで白人にも人気があった当時のスター歌手で、ソウル・ミュージックの先駆者としてのその後のレイの音楽を先に知っていると、この頃の彼の録音はちょっとした驚きです。

ちょうど同じ頃にニュー・ヨークでアトランティック・レコードが設立されます。当時はまだR&Bの名称が一般に普及する前で、黒人のポピュラー音楽は「レイス・ミュージック」と呼ばれていました。アトランティックはそんなレイス・レコードを発売するレーベルのひとつとしてスタートして、ルース・ブラウンやジョー・ターナーなど、ジャズとのつながりが強いR&Bを多く発売していました。常に新しいタレントを探していたアトランティックのアーメット・アーティガン社長は、才能のわりにはヒットが出ていなかった当時のレイに目をつけて、五二年にかなりの低額で彼

RAY CHARLES
"Definitive Ray Charles"

サム・クック、ジェイムズ・ブラウンと共にソウル・ミュージックの基礎を築いたレイは、3人の中で最も早くデビューしました。ジャズ、ブルーズ、ゴスペルなどを絶妙に融合させた彼の画期的なサウンドは、当初は物議を醸したものでした。〈ホワッド・アイ・セイ〉のヒットを境に人気が爆発、60年代にカントリーを独自に解釈したレコードが世界的に売れました。 Wea International, 2001

と契約を結びます。

レイが自分のスタイルを創りだすのはこのアトランティック時代のことです。彼は自分が育ったバプティスト教会の音楽の影響をストレートに出して、ゴスペルの曲そのものに俗世界の歌詞をつけて歌ったのです。

代表的な曲には、テンポのいいブルーズ風の〈アイ・ゴット・ア・ウマン〉、ゴスペルの高揚感溢れる〈ハレルヤ・アイ・ラヴ・ハー・ソー〉や〈アイ・ビリーヴ・トゥ・マイ・ソウル〉、感動ものの〈ドラウン・イン・マイ・オウン・ティアーズ〉などがありますが、たとえば最後の「自分の涙で溺れ死ぬ」という超スロー・テンポの曲では、バック・ヴォーカルにレイレッツという女性のヴォーカル・グループがついていて、これがゴスペルの合唱隊そのままの役割を果たすのです。レイ自身のピアノ伴奏も完全に教会の音を思わせますが、彼の歌そのものはすごくブルージーで、俗世界と宗教の世界が完璧に融合していて、ゾクゾクさせます。

アトランティック時代の最大のヒットとなったのが〈ワッド・アイ・セイ〉です。エレクトリック・ピアノが大きくフィーチャーされたのはこの曲が初めてで、五九年当時、非常に斬新なサウンドに聞こえました。曲の後半部分でレイとレイレッツが展開する「イエ〜ッ、オ〜ッ」の長い掛け合いは、教会での説教師と聴衆の「コール・アンド・レスポンス」をそっくり再現したものです。

PERCY MAYFIELD
"Specialty Profiles"

レイ・チャールズに〈ヒット・ザ・ロード・ジャック〉などのヒット曲を提供したソングライターとして有名なパーシー・メイフィールドは、50年代初期には歌手としても人気がありました。特に〈プリーズ・センド・ミー・サムワン・トゥ・ラヴ〉は永遠の名曲で、色っぽいバリトンに痺れます。"ブルーズの詩人"と呼ばれた彼の曲は、数多くカヴァーされました。

Specialty, 2006

その〈ワッド・アイ・セイ〉のヒットを最後に、レイはアトランティックからABCパラマウントに移籍します。なんといってもその頃のアトランティックはまだインディー・レーベルのひとつにすぎなかったので、ミュージシャンに払う印税の額や配給力に問題があったし、レイはABCが提示した契約金、それに自分の原盤を自分で所有できるという前代未聞の契約条件に惹かれたのです。

ABCに移って六〇年代に入ると、レイの音楽にすこし変化が見え始めます。たとえば、『モダン・サウンズ・イン・カントリー&ウェスタン』という有名なアルバム。歌い方は相変わらずソウルフルでゴスペルのノリなのですが、取り上げている曲はカントリーですから、今度は白人によく売れました。レイ自身の歌はあいかわらず素晴らしくても、白人の大合唱がついたり弦が入ったりして、ソウルのレコードの好きな人には編曲がちょっと甘ったるく感じられるかもしれません。それでも、ナンバー・ワン・ヒットになった〈愛さずにはいられない〉をはじめ、〈ボーン・トゥ・ルーズ〉、〈ザット・ラッキー・オールド・サン〉など、素晴らしい作品もたくさん収められています。

この変化の背景にはもちろん白人マーケットに出ていこうという商業的な計算もあったと思いますが、もともとナット・キング・コールの真似をしていた人だし、レイ自身には白人層におもねったなどという意識はなかったでしょう。レイは五〇年代

HANK BALLARD & THE MIDNIGHTERS
"Best Of The Best"

「白人に肉体を取り戻すきっかけを与えた」と言われる画期的なダンス、トゥイスト。その代表曲〈トゥイスト〉を作ったハンク・バラードは、50年代に放送禁止騒ぎを引き起こした名曲〈ワーク・ウィズ・ミー・アニー〉(「ワーク」とは黒人のスラングでセックスのことでした)の作者でもありました。JBなどに影響を及ぼした先駆的なロッキン・R&Bサウンドです。

Federal, 2003

にソウル・ミュージックの先駆者として重要な役割を果たしましたが、本人は別にそれにこだわっていたわけではないようです。

サム・クック——ゴスペルのスーパースターから「世俗」へ転向

さて、レイ・チャールズはゴスペルの様式を借りて革命的な音楽を作った人ですが、もう一人の巨人、サム・クックはゴスペルの大スターからソウル・シンガーに転向して大成功を収めたシンガーです。サムがゴスペル・シンガーとしてデビューしたのはとても早くて、わずか九歳で兄弟姉妹とシンギング・チルドレンというグループを組みます。最初に人前で歌ったのが地元の教会で、一〇代半ばにはもうプロになっていました。

一九五〇年に十九歳で一流ゴスペル・クァルテットのソウル・スターラーズに加わり、大御所だったリード・シンガーのR・H・ハリスの引退に伴い、彼の後釜に抜擢されます。新人なのに歌が天才的にうまいうえに、若くてカッコよく、ルックスもいい。あっというまに女性にモテるゴスペル・スターになってしまいました。ゴスペル・グループというのは、毎週あちこちの教会を巡業して歌うものですが、サムが行くとどこでも失神する人が出たといいます。そもそもゴスペルの世界では音楽と説教

SAM COOKE
"Portrait Of A Legend 1951-1964"

〈ユー・センド・ミー〉の大ヒットによってゴスペル界に衝撃を与え、いきなりポップ・スターとなったサム・クックの一連の名曲のオン・パレード。一度聴けば二度と忘れないフック作りの名人だったサムは、ＪＢとレイ・チャールズと共にソウル・ミュージックにつながる道を切り開いたパイオニアですが、３人の中で最も白人にも人気が出たのです。
Universal Music, 2003

に興奮して信者が失神することも多いのですが、サム・クックの場合は彼がカッコいいゆえのことなので、宗教音楽の世界では画期的な現象でした。

そんな状況ですから、ポップ・スターになるのは時間の問題だったのです。しかし、そうはいってもゴスペル界のスターが世俗の歌を歌うのは、当時は大変スキャンダラスなことでした。ソウル・スターラーズが所属していたロス・アンジェレスのレコード会社、スペシャルティの制作係のバンプス・ブラックウェルの提案で、五六年にサムがポップ・レコードを最初に録音した時も、社長のアート・ループには「こんなことをやっちゃダメだ。ゴスペル・レコードを買う人たちに嫌われてレコードが売れなくなるから、やめろ」と言われて、デイル・クックという変名で出したほどです。

とはいえ、スペシャルティからあの声で出ていれば、分からない人は誰もいません。それで、結局ソウル・スターラーズも辞めさせられ、ブラックウェルと共にスペシャルティもクビにされてしまいます。スペシャルティは他のゴスペル・スターの機嫌を損ねることが心配で、ゴスペルのレコードから入るお金のほうが大事だったのでしょう。同じスペシャルティからリトル・リチャードがヒットを放ち始めた頃ではありましたが、黒人音楽のポップ・チャートでの可能性はまだ見えていなかったのだと思います。

ちなみに、アート・ループには会ったことがありますが、相当頑固なおじさんなの

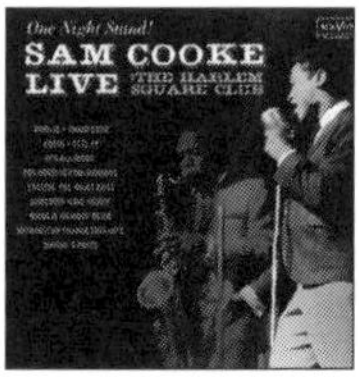

SAM COOKE **"One Night Stand!: Sam Cooke Live At The Harlem Square Club, 1963"**

サム・クックのライヴというと、ポピュラー歌手的な側面が強く白人向けのサパー・クラブ「コパ」で録音されたものも素晴らしいものですが、この63年のライヴでは、余計な装飾なしのゴスペル・ソウル歌手としてのサム・クックの真実の姿を知ることができます。スタジオ録音での抑えた軽い歌い方とはうって変わって、エキサイティングにシャウトするサム。凄い！

RCA, 1985

で、きっとサムを失ったことをまったく後悔はしていないでしょう。彼にとって音楽はあくまでもひとつの商売にすぎず、石油会社の方がはるかに儲かっていたはずです。

そこでサムはキーン・レコードと契約しますが、すぐにＲＣＡに引き抜かれたので、サムはいきなり全国配給のメイジャー・レーベル所属の大スターとなり、五七年の〈ユー・センド・ミー〉がミリオン・セラーとなったのをはじめ、大ヒットを連発します。

〈ワンダフル・ワールド〉、〈キューピッド〉、〈オンリー・シックスティーン〉、〈アナザー・サタデイ・ナイト〉など有名なヒット曲はいっぱいありますが、黒人でも白人でも誰が聞いても夢があるロマンティックなポップ・ソングばかりです。白人が自然に黒人の音楽を聞くようになったのは、こうした彼のヒット曲の力が大きいと思います。〈ユー・センド・ミー〉はポップ・チャートのナンバー・ワンになりましたが、白人に聞かれなければ当時はヒット・チャートの上位にランクされることは不可能でした。

面白いのはサム・クックの歌い方そのものが非常に「ブラック」で、独特のコブシをきかせていることです。それまでのポップ・レコードでそういう黒人的な要素をめいっぱい生かしているものはなかったような気がします。でも、編曲は真っ白でした。プロデューサーはヒューゴウ&ルイージという二人のイタリア人がやっていて、バッ

SAM COOKE
"Night Beat"

サム・クックをヒット曲だけで知っているファンがこれを聴くとちょっと驚くかもしれません。いつものストリングズやコーラスがないミニマルな編曲で、非常にブルージーな雰囲気のこのレコードは、サムの生前の作品としては異色でした。録音は63年、タイトル通りの雰囲気を若いビリー・プレストンも含むＬＡの一流スタジオ・ミュージシャンたちが醸し出しています。 RCA, 1963

クに弦や女性コーラスをどっさり入れています。サムの歌い方も比較的軽めです。これはレコードを売るためにイヤイヤやっていたわけではなく、サム自身も成功するためには、とこのくらいは受け入れていたようです。

一九八五年になって初めて発売された『ライヴ・アット・ハーレム・スクエア・クラブ』という六三年のライヴ・アルバムでは、そんな甘ったるいところなしのサム・クックの歌を聞くことができて、やっぱり本当はこうだったのだ、と確認できたわけですが、レイ・チャールズもそうだったように、ポップ・シンガーとして成功するためにはある程度妥協もして、洗練された白人っぽいサウンドをバックにつけていたわけです。まだ六〇年代のブラック・パワーの意識が生まれる前の話ですから、成功には白人社会に吸収される面もあると当然のように考えていたのではないでしょうか。それでも、死ぬ直前に〈ア・チェインジ・イズ・ゴナ・カム〉のような公民権運動の盛り上がりを予言するような曲も吹き込んでいるのは、興味深いものがあります。

また、サム・クックは早くから歌手としてだけではなく、ビジネス面でも驚くほどしっかりした活動を始めています。まず自分の音楽出版社を作り、自分の曲の著作権を管理しました。また、ゴスペル・グループのピルグリム・トラヴェラーズにいたJ・W・アレクサンダーと組んで、サー・レコードを設立し、若いミュージシャンを精力的に発掘、育成しました。ふつう芸能人といえば自己中心になりがちですが、ま

V.A.
"The SAR Records Story"

周りの才能ある人たちにもチャンスを与えたいと思っていたサム・クックは、そのためにSARレーベルを興しました。彼の恩師とも言えるソウル・スターラーズ、若きジョニー・テイラーやビリー・プレストン、ボビー・ウォマックの姿もあります。とくにローリング・ストーンズに最初のヒットをもたらした〈イッツ・オール・オーヴァー・ナウ〉のオリジナルは必聴です。
Abkco, 1994

だ自分がスターになってそれほど時間が経っていないのに、プロデューサー的な才能を発揮していたのです。短期間に大金を稼ぐことよりも、ブラック・ミュージックそのものをいかに発展させるかというところまで考えていたのは、まだ二〇代という若さをぬきにしても、当時では画期的なことでした。

サム・クックは六四年十二月十一日に三十三歳の若さで命を落としますが、これは不可思議な事件でした。ロス・アンジェレスのモーテルにある女性を連れ込んでいた彼が裸で部屋から走って出てきて、モーテルのオフィスに無理やり入ったところ、支配人の女性に銃で胸を撃たれるという、きわめておかしな状況で死んでいるのです。当時はサムが女性を暴行しようとしたため、その支配人は正当防衛ということで無罪になりました。

ただ、状況はもう少し複雑なようで、いまだに真相は解明されていません。六四年といえばまだ黒人の人権が今ほど確立されていない時期でしたから、サム・クックのようにエンターテイナーとしてもビジネスマンとしても成功した黒人は、白人社会にとってはひとつの脅威とも感じられたでしょう。この事件の背後にはそういった社会状況もあったかもしれません。

ちょうど最後の二年間、初期のポップ・ソングから変化して、ブルージーな〈リトル・レッド・ルースター〉や、涙の出るほど素晴らしい永遠の名曲〈ア・チェイン

FATS DOMINO **"Fats Domino Jukebox: 20 Greatest Hits The Way You Originally Heard Them"**

初期のロックンロール・スターたちの中で最も早い49年にレコード・デビューしたファッツ・ドミノは、今ではチャック・ベリーやリトル・リチャードの陰に隠れがちですが、当時はエルヴィス・プレズリーと並ぶ人気歌手でした。多くのピアニストに影響を及ぼした3連符を特徴とした彼のスタイルと、ニュー・オーリンズのゆったりした雰囲気の歌が存分に楽しめます。 Capitol, 2002

ジ・イズ・ゴナ・カム〉などで新しい方向を探っていたところでしたから、彼の死はとても惜しまれます。

イギリスのシンガー、ポール・ヤングがいいことを言っています。

「サム・クックはゴスペル・ルーツを失ったことがない。サム・クックを聞くと自分の肩から重荷が降りるような気がする。それはぼくがゴスペル・ミュージックを聞く時と同じ解放感だ」

ゴッドファーザー、ジェイムズ・ブラウン

ジェイムズ・ブラウンといえば、本の二、三冊は軽く書けるほど波乱の人生を送った人です。生年月日は一九三三年の五月三日、育ったのはジョージア州です。暮らしも貧しかったし、とにかく悪ガキでした。窃盗の現行犯で刑務所に入って、刑務所の中の病院の仕事をしていたところ、歌がうまいのを見込まれて囚人同士の歌のグループをまかされます。

あるとき所内で歌っていたら、たまたま監視員がだれもいません。逃げようと思えば逃げられたのですが、ジェイムズはそのままマジメに歌い続けていました。あわてて監視員が銃を持って飛んできたら、誰も逃げずに全員揃っていたので驚いたという

BO DIDDLEY
"His Best : The Chess 50th Anniversary Collection"

ロックンロールにアフリカ的なリズム感を取り込んだという大変な功績を持つボー・ディドリーは、自作の長方形エレクトリック・ギターとその音に大量のリヴァーブをかけたサウンドが特徴でした。デビューしたのはチャック・ベリーと同時期で、60年代のイギリスのビート・グループにとって彼らは二人ともヒーローとなり、カヴァーが無数に作られました。
Chess, 1997

大事件があり、結局それがきっかけになって彼は釈放されます。

その頃、親しい友人となるボビー・バードと知り合って、彼が率いていたゴスペル・スターライターズに参加します。このグループはやがてフェイマス・フレイムズと名前を変えて、R&Bを歌うようになり、ジェイムズがリード・ヴォーカルの座を乗っ取りました。

デビューのきっかけは、シンシナティにあるキング・レコードのラルフ・バスというプロデューサーがジェイムズを気に入ったことです。彼が社長のシド・ネイサンに音を聞かせたところ、ネイサンは「こんなもの出せるか、クズだ」と言い張ったのに対し、ラルフは自分のクビをかけてキング傘下のフェデラルというレーベルと契約させました。

そして五六年に発表されたデビュー曲が〈プリーズ、プリーズ、プリーズ〉ですが、歌詞は「プリーズ、プリーズ、プリーズ、ドント・ゴー、アイ・ラヴ・ユー・ソー」だけしかありません。何回繰り返しているか数えた暇な人がいるというくらいの名曲です。あるひとつのフレーズを何回も何回も繰り返して興奮させるというのは、まさにゴスペルそのものですから、彼のルーツを象徴するレコードです。

〈プリーズ、プリーズ、プリーズ〉は黒人市場では大ヒットしましたが、全国チャートに顔を出したふたつ目のヒット曲、〈トライ・ミー〉までは二年ほどのブラ

JAMES BROWN
"Star Time"

ＪＢのキャリアはとても長い上に、あまりにも偉大すぎて、普通のベスト盤ではちょっと物足りなさが残ります。ゴスペルをＲ＆Ｂに混ぜた50年代の初期の曲、伝説のアポロ劇場でのライヴ、アフリカ的なリズム感を取り入れた60年代半ばの元祖ファンク、またそれを発展させた70年代の独自のダンス・ミュージック……その流れがすべてここで聴けます。
Polydor, 1991

ンクがあります。この二曲の間に出たいくつかのシングルは『ルーツ・オヴ・ア・レヴォルーション』という八四年に発売されたイギリス編集のアルバムに入っていますが、かなり良い曲があるのに、なぜかヒットしませんでした。社長のシド・ネイサンが「ほら、俺が言ったとおりだ、こいつはダメだったろう」と諦めかけたとき、やっと〈トライ・ミー〉が出ます。その後も〈アイル・ゴー・クレイジー〉、〈シンク〉とヒットが続きますが、彼のキャリアの転換期はその後に訪れます。

当時、ＪＢはシド・ネイサンにいつも「俺はスタジオで録るよりもライヴを録音したい。客の興奮が凄いし、それを感じとっている俺達の演奏も凄いんだから、それをレコードで出したら絶対に売れる」と言っていました。しかし、その頃はまだライヴ・アルバムというのは珍しいものでした。それに、ネイサンという人は頑固なユダヤのおじさんです（スペシャルティのアート・ループも「頑固なおじさん」でしたが、インディーズの社長はそうでなければ会社を維持できなかったのでしょう）。キングという彼の会社は草分け的なブラック・ミュージックもたくさん出していますが、カントリーも手がけているし、とくにブラック・ミュージックにこだわっていたわけでもありません。

ですからネイサンは「ライヴ・アルバム？　とんでもない！」と完全につっぱねていました。そこでＪＢはしかたなく自腹を切って、ハーレムのアポロ劇場を興奮のるつぼにたたき込んだライヴの模様を収めたアルバムを作ったのです。アポロ劇場のな

LITTLE RICHARD
"The Essential"

初期のロックンローラーの中で最もエキサイティングなリトル・リチャードのワイルドな代表作を収めたベストＣＤ。それにしても、あの"紙一重"の感じが今もなお続いているのはエラいとしか言いようがありません。50年代からゲイを公言し、派手な化粧を好んでいた彼は、ジミ・ヘンドリックスやプリンスの先駆けのような存在でもありました。

Specialty, 1985

かで販売している飲食物は通常は会場側が仕切るのですが、ＪＢは自分の経費をまかなうために「その日だけは俺にやらせろ」と申し込み、渋る劇場側を口説いて、結局自分の手でやりました。この頃からすでにサム・クックに負けないビジネスマンぶりを発揮していたわけです。

　このエキサイティングなアルバム『ライヴ・アット・ジ・アポロ』は、Ｒ＆Ｂのアルバムとしては初めてのミリオン・セラーになります。一躍ＪＢは大スターとなって白人層にも知られるようになりました。

　その後も出したレコードはほとんどすべてが大ヒットし、六四年の〈アウト・オヴ・サイト〉あたりを皮切りに、〈パパのニュー・バッグ〉や〈アイ・ゴット・ユー〉などの一連のヒット曲によって、ＪＢはファンクという新しいジャンル（当時はまだそう呼ばれていませんが）を生み出しました。

　そこで見逃せないのが、アレンジャーまたはバンド・リーダーとしてのＪＢの才能です。アレンジャーとしては、あの歯切れの良いホーン・セクションをはじめ、それまでメロディー楽器として考えられていた楽器を、みんなまるで打楽器のように使って、従来の曲の型をとっぱらってしまいました。

　そして、コンサートでのバンドの緊張感のすごさといったらありません。ステージの進行や曲の展開は、すべてＪＢ（メンバーには〝ミスター・ブラウン〟としか呼ばせませ

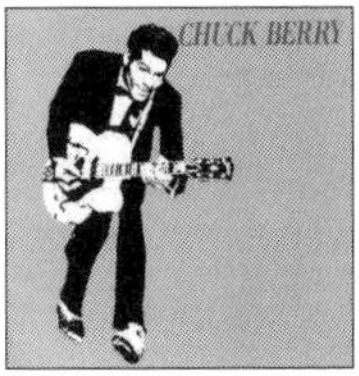

CHUCK BERRY
"Best Of Chuck Berry"

ロックンロールのギター・スタイルを作りあげたチャック・ベリーの代表曲集。サム・クックと同じくらい、白人に抵抗なく黒人の音楽を聞かせることができたチャックの功績は偉大です。彼がいなければ、ロック・ギターというものがあったかどうか。それにチャックがいなかったら、のちのロック・グループはアンコールで演奏する曲がなくて困ったことでしょう。 Universal, 2006

ん）の合図ひとつでガラッと変わってしまうのです。次にどの曲をやるか、どの曲のどこで次にいくかも、バンドのメンバーには分かっていません。すべてはＪＢのその場での判断次第なのです。変わり目の合図の役割を果たすリフがあって、ＪＢのある合図でメンバー全員がそのリフに入るようです。そしてそこから次の曲へと展開します。バンドは瞬間的に判断してボスについていかなければなりませんが、そのタイミングがスリリングでカッコよく、客を興奮させるのです。

彼は早くから大編成の自分のグループを給料制で雇ってツアーを行なってきましたが、そういう経費の負担が大きいやり方は、当時は珍しいことでした。ジャズ以外の世界で黒人としては初めてでしょう。女性ヴォーカルやコメディアンまで含めたレヴューで全国を回りました。またリハーサルを非常に厳しくやっていたようで、これはプリンスも真似ているそうですが、間違えたメンバーからは罰金をとっていました。それも演奏のミスだけではなく、遅刻や衣装の汚れなど、あらゆるミスに罰金を科しました。大編成のグループをまとめるにはそのくらいの統制が必要なのかもしれません。

ＪＢは八〇年の映画『ブルーズ・ブラザーズ』に牧師の役で出演し、教会での熱狂的な説教シーンを演じましたが、彼のステージはそのシーンのような黒人教会の興奮をそのまま持ち込んだような、ほとんど一種の儀式といってもいいものでした。デ

BOBBY "BLUE" BLAND
"Greatest Hits Vol.1: The Duke Recordings"

B.B.キングと同期のメンフィス出身のブルーズ・シンガーですが、ボビー・ブランドは最初からゴスペルの影響を強く受け、早くも50年代からソウルに近いスタイルで歌っていました。60年代初頭にかけてのディープな傑作〈アイ・ピティ・ザ・フール〉〈フー・ウィル・ザ・ネクスト・フール・ビー〉など、このＣＤには晩年まで現役だった彼の代表曲がぎっしり詰まっています。 Duke/Peacock, 1998

ビュー曲の〈プリーズ、プリーズ、プリーズ〉からしてそうですが、それこそ歌詞にあまり意味を必要とせず、同じ一節の繰り返しとＪＢ独特の絶叫だけで興奮させてしまいます。そのエネルギーのすごさ、そして五十歳を越えても股割りをやっていた身体の柔らかさ……迫力満点の歌と見事なバンドのアンサンブルを結び付け、じつにユニークなＪＢの音楽を作りあげたわけです。マイケル・ジャクスンのダンスの動きもプリンスのステージングも、すべてジェイムズ・ブラウンのショウから学んだ結果なのです。

V.A.

"We're Gonna Rock, We're Gonna Roll"

戦後10年間の他のポピュラー音楽の展開も知っておくと、さらにソウルの誕生への理解が深まりますが、このボックスでは、R＆Bの他にドゥー・ワップやスウィングの影響を受けたカントリーなどの非常に渋い選曲がされています。ヒット曲も当然多いですが、他ではなかなか聴けない曲もあり、ロックンロールがどのようにできていったかを大変楽しく聴かせる内容です。 Proper Box, 2005

1	**I Got A Woman** アイ・ゴット・ア・ウマン	Ray Charles レイ・チャールズ
2	**Hallelujah I Love Her So** ハレルヤ・アイラヴ・ハー・ソー	Ray Charles レイ・チャールズ
3	**Drown In My Own Tears** ドラウン・イン・マイ・オウン・ティアーズ	Ray Charles レイ・チャールズ
4	**What'd I Say** ホワッド・アイ・セイ	Ray Charles レイ・チャールズ
5	**Please Please Please** プリーズ・プリーズ・プリーズ	James Brown ジェイムズ・ブラウン
6	**Try Me (live)** トライ・ミー	James Brown ジェイムズ・ブラウン
7	**Out Of Sight** アウト・オヴ・サイト	James Brown ジェイムズ・ブラウン
8	**Papa's Got A Brand New Bag** パパズ・ゴット・ア・ブラン・ニュー・バッグ	James Brown ジェイムズ・ブラウン
9	**You Send Me** ユー・センド・ミー	Sam Cooke サム・クック
10	**(What A) Wonderful World** ウォット・ア・ワンダフル・ワールド（この素晴らしき世界）	Sam Cooke サム・クック
11	**Bring It On Home To Me** ブリング・イット・オン・ホーム・トゥ・ミー	Sam Cooke サム・クック
12	**A Change Is Gonna Come** ア・チェンジ・イズ・ゴナ・カム	Sam Cooke サム・クック
13	**Caldonia** カルドニア	Louis Jordan ルイ・ジョーダン
14	**Choo Choo Ch'Boogie** チュー・チュー・チュブギ	Louis Jordan ルイ・ジョーダン
15	**Saturday Night Fish Fry Parts 1 & 2** サタデイ・ナイト・フィッシュ・フライ・パート1 & 2	Louis Jordan ルイ・ジョーダン
16	**Please Send Me Someone To Love** プリーズ・センド・ミー・サムワン・トゥ・ラヴ	Percy Mayfield パーシー・メイフィールド

第二次世界大戦直後から約二〇年の間に、スウィング・ジャズのあとに発展した新しいスタイルのブラック・ミュージックがリズム&ブルーズと呼ばれるようになり、一部が枝分かれしてロックンロールに、また別の流れがゴスペルの影響を取り入れつつ、のちにソウルと呼ばれる音楽に変化していきました。

その流れがとてもよく把握できるアトランティック・レコードのCDボックス・セット『Atlantic Rhythm & Blues 1947-1974』は現在残念ながら廃盤になっています。その中の曲を複数のプレイリストにちりばめていますが、すべてを網羅することは至難の業です。もし中古盤でそのセットを見かけたら即買いです！

本文でも詳しく書いている三人のソウルの立役者、レイ・チャールズ、ジェイムズ・ブラウン、サム・クックは、代表曲を四曲ずつ選んでみました①〜⑫。まずここから聞いた上で、時代をちょっと遡っていきましょう。

四〇年代後半、まだR&Bという言葉が誕生していないころに画期的な新しいコンボ・スタイルの音楽を確立したサックス奏者ルイ・ジョーダンのゴキゲンな曲⑬⑭⑮はB・B・キングやチャック・ベリーをはじめ、あとに続いた多くのミュージシャンに絶大な影響を与えます。

「ブルーズ界の詩人」と呼ばれたパーシー・メイフィールドの一九五〇年の傑作バラード⑯、ちょっぴり際どい歌詞でにんまりさせるビリー・ウォード&ザ・ドミノーズの〈60分男〉⑰、シングルのB面として発表されたのに今や伝説のダンスを流行らせるきっかけとなったハンク・バラードの〈ザ・トゥウィスト〉⑱、時代は少し前後しますが、どれもこの時期の押さえておきたい曲です。

ロックンロールが大きく展開されるちょっと前にヒット曲を連発したニュー・オーリンズのファッツ・ドミノ⑲⑳㉑に続いて、R&Bディーヴァ第一号といえるルース・ブラウン㉒、偶然スタジオに現れたレイ・チャールズがプロデュースしたギター・スリム㉓、R&Bヴォーカル・グループの横綱ドリフターズ㉔、のちにコースターズと名前を変えて多くのユニークなヒット曲を出したロビンズの画期的

17	**Sixty Minute Man** シックスティ・ミニット・マン	Billy Ward & The Dominoes ビリー・ウォード＆ザ・ドミノーズ
18	**The Twist** ザ・トゥウィスト	Hank Ballard ハンク・バラード
19	**The Fat Man** ザ・ファット・マン	Fats Domino ファッツ・ドミノ
20	**Blue Monday** ブルー・マンデイ	Fats Domino ファッツ・ドミノ
21	**I'm Ready** アイム・レディ	Fats Domino ファッツ・ドミノ
22	**Mama He Treats Your Daughter Mean** ママ・ヒー・トリーツ・ユア・ドーター・ミーン	Ruth Brown ルース・ブラウン
23	**The Things That I Used To Do** ザ・シングズ・ザット・アイ・ユースト・トゥ・ドゥ	Guitar Slim ギター・スリム
24	**Money Honey** マニー・ハニー	Drifters ドリフターズ
25	**Riot In Cell Block #9** ライオット・イン・セル・ブロック #9	The Robins ザ・ロビンズ
26	**Shake, Rattle And Roll** シェイク・ラトル・アンド・ロール	Joe Turner ジョー・ターナー
27	**I Put A Spell On You** アイ・プット・ア・スペル・オン・ユー	Screaming Jay Hawkins スクリーミング・ジェイ・ホーキンズ
28	**Honky Tonk** ホンキ・トンク	Bill Doggett ビル・ドゲット
29	**Tutti Frutti** トゥーティ・フルーティ	Little Richard リトル・リチャード
30	**Rip It Up** リップ・イット・アップ	Little Richard リトル・リチャード
31	**Keep A Knockin'** キープ・ア・ノキン	Little Richard リトル・リチャード
32	**Johnny B. Goode** ジョニー・B・グッド	Chuck Berry チャック・ベリー

なラジオ・ドラマ仕立ての名曲㉕、戦前のカンザス・シティでバーテンダーをやりながら凄まじい声量で聞き手を圧倒したジョー・ターナーの先駆的ロックンロール㉖、この世のものと思えないスクリーミング・ジェイ・ホーキンズ㉗、そして、しなやかにスウィングするビル・ドゲットの記念すべきインスト・ヒット〈ホンキ・トンク〉㉘。本人のオルガン、ビリー・バトラーのギター、クリフォード・スコットのサックスはどれも特筆に値する演奏です。

初期のロックンロールはもちろんエルヴィス・プレスリーがいちばん引き合いに出される存在ですが、彼の影響で音楽をやり出した若い白人たちが大勢いたにもかかわらず、エルヴィスのことを語りたがる黒人のミュージシャンはいません。ロックンロールの先駆者といえばやはり、リトル・リチャード㉙〜㉛（オーティス・レディングも彼の物真似から出発しました）、チャック・ベリー㉜〜㉞、ボー・ディドリー㉟〜㊲の三人を避けて通ることはできません。

一九五九年にゴスペルの手法を用いて燃えるようなR&Bの〈シャウト〉㊳でソウルへの道筋を作り始めたアイズリー・ブラザーズには脱帽。ブルーズからソウルに発展して行く瞬間を感じさせるメンフィスのボビー・ブランド㊴は人気も影響力もとても大きなものがありました。兄妹デュオのアイネズ&チャーリー・フォックスが童謡を作り替え、掛け合いで歌った大ヒット曲〈モキングバード〉㊵は六〇年代前半のR&Bの古典的作品です。

カーティス・メイフィールドはインプレションズの活動の傍ら、ソングライターとしてもプロデューサーとしてもシカゴで目覚ましい活動をするようになりました。特にメイジャー・ランス㊶㊷のこの二曲はロンドンのモッズなどにも大変人気がありました。ここで、本文では今一つ取り上げることができなかったインプレションズの六〇年代のヒット曲を選びました㊸〜㊼。やはり本格化していくソウル・ミュージックのとても重要な存在です。

最後に、一発ヒットですが、歴史に残る名唱、ロレイン・エリスンの〈ステイ・ウィズ・ミー〉㊽。

33	**Brown Eyed Handsome Man** ブラウン・アイド・ハンサム・マン	Chuck Berry チャック・ベリー
34	**Sweet Little Sixteen** スウィート・リトル・シックスティーン	Chuck Berry チャック・ベリー
35	**Bo Diddley** ボー・ディドリー	Bo Diddley ボー・ディドリー
36	**Who Do You Love?** フー・ドゥ・ユー・ラヴ?	Bo Diddley ボー・ディドリー
37	**You Can't Judge A Book By It's Cover** ユー・キャント・ジャッジ・ア・ブック・バイ・イッツ・カヴァー	Bo Diddley ボー・ディドリー
38	**Shout (Parts 1 & 2)** シャウト(パート1&2)	The Isley Brothers アイズリー・ブラザーズ
39	**Turn on Your Love Light** ターン・オン・ユア・ラヴ・ライト	Bobby Bland ボビー・ブランド
40	**Mockingbird** モキングバード	Inez & Charlie Foxx アイネズ&チャーリー・フォックス
41	**The Monkey Time** ザ・マンキー・タイム	Major Lance メイジャー・ランス
42	**Um Um Um Um Um Um** アン・アン・アン・アン・アン・アン	Major Lance メイジャー・ランス
43	**Gypsy Woman** ジプシー・ウマン	The Impressions ジ・インプレションズ
44	**I'm So Proud** アイム・ソー・プラウド	The Impressions ジ・インプレションズ
45	**Keep On Pushing** キープ・オン・プッシング	The Impressions ジ・インプレションズ
46	**Amen** エイメン	The Impressions ジ・インプレションズ
47	**It's All Right** イッツ・オール・ライト	The Impressions ジ・インプレションズ
48	**Stay With Me** ステイ・ウィズ・ミー	Lorraine Ellison ロレイン・エリスン

03

モータウン

——黒人の夢を乗せた都会のサウンド

五〇年代から六〇年代への黒人社会の変化

さて、いよいよソウル・ミュージックが大きく花開いた六〇年代に入っていきますが、まずその背景となった社会の変化に目を向けてみましょう。

アメリカの六〇年代にはふたつの大きな動きがわき起こり、時代を激しく揺り動かしました。ひとつはアメリカのヴェトナム戦争への介入とそれに反対する国内の運動、もうひとつは黒人に対する人種差別の撤廃を求めた公民権運動の高まりです。

長年のあいだ人種差別に苦しみ、貧しい生活を強いられてきた黒人たちは、五〇年代半ばになると人種差別撤廃の戦いを本格的に始めます。三〇年代から全国有色人種向上協会（NAACP）が裁判で繰り返し人種差別を告発して、選挙や教育、交通機関などでの違憲判決を勝ち取ってきましたが、その結果五四年に「人種を分離する学校施設は根本的に不平等であり、公立学校は人種的に統合されなければならない」という、建前の上では人種差別を撤廃する連邦最高裁判所の歴史的判決が下されたのです。

もちろん、これによってすぐに人種問題が改善されたわけではありませんが、この判決に勇気づけられた黒人たちによって、平等の権利を求める運動が各地で始まります。

そのきっかけになったのは、最も人種差別が激しい地域として知られていたアラバマ州の州都モントゴメリーで翌五五年に起こった、バスの座席の差別待遇に抗議するバス・ボイコット運動です。リーダーだったマーティン・ルーサー・キング牧師は、この運動で一躍名を挙げ、全国の黒人運動の指導者として歴史に名を刻みます。彼はこの後、南部キリスト教指導者会議（SCLC）を結成し、公民権運動を南部全体に展開します。六〇年にはノースキャロライナ州グリーンズボロのドラッグストアでの黒人学生四人の座り込みから、南部の黒人学生の間にも人種差別撤廃への運動が広まりました。

六〇年の大統領選挙ではジョン・F・ケネディが当選します。この青年大統領の登場は、黒人たちにも未来への明るい希望を感じさせるものだったようです。彼がわずかな差でニクソンを破った原因のひとつは、大都市の黒人票を獲得したことだとも言われています。

期待に反して就任後のケネディ大統領は公民権問題の立法を積極的に推し進めることはできませんでしたが、彼がアメリカ国民にふりまいた理想主義の雰囲気は公民権運動の高まりに貢献しました。そして六三年、ワシントンに二十五万人の黒人と白人が集まって行進をするという、歴史的な反人種差別大集会が開かれます。ここでキング牧師が「私には夢がある（アイ・ハヴ・ア・ドリーム）」という有名な感動的演説を行ないました。

ケネディ暗殺のあとを受けて大統領に就任したリンドン・ジョンスンは「偉大な社

会」政策をかかげて市民権保護と福祉政策を推し進め、六四年には公共施設における人種隔離、黒人および女性に対する差別を違法とする公民権法を、翌六五年には南部で黒人が選挙の投票に登録できる選挙法を成立させ、黒人の地位向上に貢献しました。

六〇年代のソウル・ミュージックはこういった公民権獲得へ向けての運動と並行して、人種統合への期待感、明るい未来への夢を乗せて発展していきました。他の分野に目を向けてみても、六四年にプロ・ボクサーのカシアス・クレイ（ムハマッド・アリ）がヘヴィ級チャンピオンになり、俳優シドニー・ポワティエが映画『野のユリ』で第三十六回（一九六三年度）アカデミー賞主演男優賞を獲得するなど、黒人のアイデンティティは様々な形で世界にアピールされました。

あの軽快なモータウン・サウンドはそんな時代の産物だったのです。

ベリー・ゴーディの描いた理想

音楽ファンなら誰しも、モータウンと聞けば、あの浮き浮きするようなリズムと、一度聞けば一生忘れられないメロディーを持つ数々のヒット曲を思い浮かべ、スープリームズやテンプテイションズ、フォー・トップス、スティーヴィ・ワンダー、マーヴィン・ゲイなどの人気歌手の名前がすらすらと出てくるでしょう。大ヒットを量産

V.A. **"Hitsville USA: The Motown Singles Collection 1959-1971"**

モータウン・サウンドを楽しむには、やはりコンピレーションが適しています。このボックスには会社設立から黄金時代の60年代から、ジャクスン・ファイヴが現れてくる70年代初頭まで、モータウンのデトロイト時代の名曲がこれでもかという勢いで立て続けに聴けます。一つのレーベルでこれだけのヒット曲が作られたことを考えると気が遠くなる！
Motown, 1992

した六〇年代の全盛期モータウンを知らない若い人たちでも、多くのカヴァー・ヴァージョンを通して、モータウン・サウンドに親しんでいるに違いありません。今もなお人気が衰えないこのモータウン・サウンドは、一人の男のヴィジョンから生まれました。

モータウンの創立者ベリー・ゴーディは二九年にデトロイトで祖父の代から商人をやっていた黒人の中産階級の家に生まれます。彼は若いときからボクサーをやったり、レコード店を経営したりとさまざまなことをやってきました。レコード店を始めたのは、当時の都会の粋がった若者らしくモダン・ジャズが好きだったからです。しかし、当時デトロイトで黒人に一番人気があったのはジョン・リー・フッカーの土着的なブルーズで、ジャズは商売になりません。しかたなくフォードの工場に勤めますが、このころからゴーディはR&Bの作曲を始めます。

彼はナイトクラブなどに顔を出して遊んでいましたが、そこでボクサー時代に顔見知りだったジャッキー・ウィルスンが歌手になっていて曲を探しているという情報を耳にします。そして、ゴーディがウィルスンに書いた〈ロンリー・ティアドロップス〉は五八年に大ヒットし、彼はソングライターとして売れっ子になりますが、金はさっぱり入ってきませんでした。彼は小さい時から金をきちんと管理することを父親から教わってきていたので、金の行方を調べてみると、そのほとんどをレコード会社に取

JACKIE WILSON
"The Very Best Of Jackie Wilson"

クライド・マクファターの後任としてドミノーズのリード・ヴォーカルを務めたウィルスンは57年からソロ活動を始めました。これは57年の〈リート・プティート〉から66年の〈ハイヤー・アンド・ハイヤー〉までを収めたヒット曲集。〈リート・〜〉と58年の〈ロンリー・ティアドロップス〉はベリー・ゴーディが作曲、後者はモータウン・サウンドの原型とも言われています。 Ace, 1994

られて、ソングライターは儲けようがないシステムになっていることを知り、自分で会社を興すことを考えはじめます。

話がちょっと前後しますが、ゴーディにはグエンとアナという二人の姉がいました。この二人はヒップなカッコいい女性で、やはりナイトクラブに出入りして皆の注目を集めるような娘でした。

そのグエンが妹の名を取ってアナというレーベルを始め、六〇年にバレット・ストロングが歌った〈マニー〉をヒットさせます。ビートルズのカヴァーでも有名なこの曲はベリーが共作した作品ですが、「金、それが俺の欲しいもの」という一節は、当時の彼の精神状態を見事に表わしていますね。モータウンの成功の背景にはベリー・ゴーディの強烈なハングリー精神があったことを象徴しています。

また、この頃までにベリーはスモーキー・ロビンスンと知り合い、彼の率いるミラクルズのシングルをプロデュースして小ヒットさせていましたが、それらは原盤を作って他のレーベルに発売権を売り渡す方式をとっていました。それに対し、〈マニー〉の場合はグエンが自分のレーベル、アナで発売して、配給だけをシカゴのチェス・レコードにまかせたのですが、そのほうが利益率が高いことを知ります。

そうこうしているうちに、どうすれば金がたくさん入るかがだんだん分かってきて、結局自分の会社を作ることになり、一九六〇年に、デトロイト、つまり〝モーター・

タウン〟から取って名づけたモータウンを立ち上げます。

彼が偉かったのは、レコード会社、出版社、スタジオ、企画会社、マネージメントの会社を最初から全部作ったところにあります。特にジョベテ・ミュージックという出版社を作って、楽曲の著作権をしっかり管理したことは正解でした。あれだけたくさんのヒット曲を出したうえに、カヴァー・ヴァージョンも多いので、今に至るまで巨額の印税を得ているはずです。

さて、自分で会社を起こして一番の問題となったのは、レコードをどうやって流通させるかでした。その話をする前に、アメリカのレコード業界の配給システムについて説明をしておきましょう。

この時代にはメイジャー・レーベルと呼ばれる大手のレコード会社がCBS、デッカ、キャピトル、マーキュリー、RCAの五社あって、彼らは自社で全米にレコードを配給できる販売網を持っていました。その他はいわゆるインディーズで、各地域に散らばっている独立系の零細企業ですから、多くは地元で数万枚を売ることができれば万々歳、という規模でした。インディーが全国的にレコードを売るには、各地域にある配給会社に配給とプロモーションを委託せざるをえません。ところが、そういう配給会社はやはり力関係を考えて、支払いを大手優先にして、独立系の会社を後回しにします。

そのため小さい会社になると、ヒットが出たために倒産してしまうという、一見わけの分からないことも起こりました。つまり、レコードをヒットさせるためには、まずレコードをプレスしなければ始まりませんから、先にプレス工場へお金を払うことが必要になります。でもいくら売れても配給会社からはなかなか集金できないので、会社がやっていけなくなってつぶれてしまったり、仕方なく売り上げの一部を渡すことを条件に大手の会社でプレスしてもらううちに、下手をすると乗っ取られてしまうこともあります。独立系のレコード会社には常にそういう悩みがついて回りました。そういった状況はCDの時代になってもさほど変わっていません。

ゴーディはその壁を乗り越えるために、白人の音楽業界経験者のバーニー・エイルズという男を営業部長に起用しました。白人が牛耳る音楽業界のなかで新興の独立レーベルが生き抜いていくためには白人のスタッフを使う必要性があることを、ゴーディはよく分かっていたのです。エイルズは各地の配給会社を回り、しっかり集金してくる辣腕ぶりを発揮します。黒人がオーナーであるモータウンの組織の中で重要なポストを占めていたのが白人だという点を批判もされましたが、ゴーディのヴィジョンは最初から、黒人だけではなく白人にも売れるレコード作りを目指すことだったわけですから、そんな批判は的外れでしょう。

五〇年代以降のアメリカの白人のティーネイジャーは黒人的な感覚にあこがれ、黒

THE MARVELETTES
"The Ultimate Collection"

まだ売り出し中だった初期のモータウンに〈プリーズ・ミスター・ポストマン〉という大ヒットをもたらしたマーヴェレッツはガール・グループ時代の象徴的存在です。スープリームズが人気を得た後は不遇でしたが、スモーキー・ロビンスン作の〈ドント・メス・ウィズ・ビル〉といった曲を、グラディス・ホートンの渋い声でヒットさせました。

Motown, 1998

人音楽への欲求も強かったのですが、レコード業界のシステム、とくに配給の問題によって、黒人ミュージシャンのレコードが彼らの手に届きにくくなっていました。その代わりパット・ブーンに代表される白人ポップ歌手による、水で薄めたようなR&Bヒットのカヴァー・ヴァージョンが大きな売り上げを記録していました。ゴーディはそんな状況を初期の失敗から学び、彼らの求めるサウンドと彼らに届く配給ルートを手に入れさえすれば、大成功は確実だということをしっかり把握していたのです。

次は、そんなゴーディのヴィジョンが生んだ〝ザ・サウンド・オヴ・ヤング・アメリカ〟を制作現場で支え、多くのヒットを作り出した三組のプロダクション・チーム、スモーキー・ロビンスン、ホランド＝ドージアー＝ホランド、ノーマン・ウィットフィールドにスポットをあてながら、モータウンの歴史を追っていきましょう。

初期の立役者、スモーキー・ロビンスン

ミラクルズのリード・シンガー、ソングライター、プロデューサーとして、初期のモータウンを一人で支えたのがスモーキー・ロビンスンです。

一九四〇年にデトロイトに生まれたウィリアム・〝スモーキー〟・ロビンスンはハイ・スクールの頃から友人たちとミラクルズを結成して歌いはじめました。五七年に

SMOKEY ROBINSON & THE MIRACLES
"The Ultimate Collection"

モータウン設立当初から会社の重役でもあったスモーキーという素晴らしいソングライターに恵まれたミラクルズ。59年の〈ショップ・アラウンド〉から始まって、ビートルズがカヴァーした〈ユーヴ・リアリー・ゴット・ア・ホールド・オン・ミー〉など、タイプは様々ですが、とにかく名曲揃いです。ポップ・ソングに詩人の感覚を持ってきたスモーキーはすごい！

Motown, 1998

受けたオーディションに立ち会っていたベリー・ゴーディが、スモーキーのユニークなファルセット・ヴォイスと自作曲に彼の並外れた才能を聞き取り、ミラクルズのレコード・デビューを手助けします。こうして二人の公私に渡るパートナーシップが始まり、モータウンを設立したときにスモーキーは副社長に就任することになります。

初期のモータウンのヒット曲のほとんどはスモーキーが書いているか、共作をしています。彼が率いるミラクルズのほかにモータウンで最初にヒットを飛ばしたのはメアリー・ウェルズですが、〈トゥー・ラヴァーズ〉、〈マイ・ガイ〉といった大ヒット曲で聞けるウェルズのヴォーカルは、スモーキーの節回しそのままで、スモーキーの歌唱指導どおりに歌ったという感じです。スモーキーはほかにもマーヴィン・ゲイやテンプテイションズの初期の作品なども手がけました。

多彩な才能の持ち主であるスモーキーですが、特筆すべきなのはやはり作詞家としての素晴らしさです。歌も最高だし、良いメロディーをたくさん書いているし、アレンジやプロデュースの能力も素晴らしいと思いますが、音楽の歴史にスモーキーがなぜ残るかというと、やはり作詞家としての仕事ゆえでしょう。これは何度も繰り返し引用されている有名な言葉ですが、ボブ・ディランが「スモーキー・ロビンスンはアメリカで今生きている最も素晴らしい詩人である」と一九六七年に発言しました。当時はぼくも含めてこの言葉を半分冗談のように取った人も多かったと思いますが、ディランは本気だったようです。

彼の詞のどこがいいかというと、ひとつは繊細さです。R&Bの世界にありがちなマッチョな姿勢はなく、人の内面を優しい気持ちで表現します。もうひとつは比喩の使い方で、日常的なありふれたことをひとひねりした言い方で巧みに描きます。彼が得意なのは純粋なラヴ・ソングで、政治や社会への意識は見られません。テンプテイションズに書いた大ヒット曲〈マイ・ガール〉が良い例ですが、簡潔な表現でロマンティックなイメージを見事に描き出しています。

スモーキー・ザ・ポエット

スモーキー・ロビンスンの曲は、まず非常に魅力的なメロディがあって、その上に、というより、メロディにぴったり合った、まったく無理を感じさせない詞が付いています。この詩人としてのスモーキーの才能を具体的に説明するのはなかなか大変です。そもそも歌詞が説明しやすいくらいなら音楽は要らないと思うのですが、やはりオリジナルの言語にじかに接しないことには、歌詞の意味や内容は分かっても味わいは薄くなってしまいますしね。

ご存じのとおり英語の歌詞は、ごく稀な例外を除けば、ライムしなければなりません。ライムは、日本語で言う「韻を踏む」と基本的に同じことですが、そのやりかたにはいくつもヴァリエイションがあります。

分かりやすい極端な例としてポリースの〈見つめていたい〉を挙げておきましょう(Every breath you take［テイク］, Every move you make［メイク］……という具合に同じ音が延々と続くアレです。Written by Sting)。

ライムをしていないと聞いている方は気持ち悪いので、歌詞を作る時には当然ライムする語尾にたいへん気を配るものです。ただ、語尾のライムを合わせようとすると、しばしば詞全体の意味が二の次になったり、言葉の流れがメロディと合わなくなったりします(ぼくも経験がある！)。この点でスモーキーの詩は天才的なのです。ごく自然な会話調の言葉を使って、聴き手の一人一人に直接語りかけているようにスムーズに聴かせてしまいます。

たとえば、大傑作〈トラックス・オヴ・マイ・ティアーズ〉(Written by Smokey Robinson, Warren Moore, Marv Tarplin) のオープニング、〝People say I'm the life of the party, 'cause I tell a joke or two〟(たまにおかしなことを言うものだから、デトロイト一の明るい男に勘違いされるんだよね)。たった一行でこれだけのニュアンスをさりげなく、とてもしゃれた感じで表現したこんな詞にしびれます。

さらにサビの部分がすごいのです。

So take a good look at my face
You'll see my smile looks out of place
If you look closer it's easy to trace
The tracks of my tears

この顔をよーく見れば、
ほほ笑んでいる表情に無理があるのが分かるはず
じっくり見たら、ほら、あっただろう、
ぼくの涙の痕

この落とし方の巧さが伝わるかな？　韻の踏み方とメロディを知らないと難しいかもしれませんが、これこそ完璧な名人芸です。

会議の多い会社

モータウンというより、六〇年代のソウルを代表する男性ヴォーカル・グループがテンプテイションズです。彼らはゴスペル・クァルテットから影響を受けたエキサイティングなヴォーカルのかけあいを看板にして、地元デトロイトで人気を得ていましたが、モータウンから発売した最初のシングル数枚は不発に終わります。

そんな彼らがスターへの道を歩み始めるのは、スモーキーが書いた六四年の〈ザ・ウェイ・ユー・ドゥー・ザ・シングズ・ユー・ドゥー〉のヒットからでした。このシングルはスモーキー自身がプロデュースしたヴァージョンと、ベリー・ゴーディがプロデュースしたものとのふたつを会議にかけた末、スモーキーの方を発売して見事ヒットしたものです。

このエピソードが示すように、モータウンは同じ曲のヴァージョンを複数作って競わせることも多く、日課のように制作会議を開いていました。そして、自分たちのオフィスにもレコードをプレスする機械を入れて、仮ミックスしたものからすぐにテスト盤を作って試聴していました。すでにトランジスター・ラジオの時代でしたから、試聴はプロ用のスピーカーなどではなく、普及品のラジオを使いました。

ベリー・ゴーディは自分自身ですべてのテスト盤をひとつひとつ聞いて、「二番のヴォーカルが足りない」、「ここのギターちょっと出しゃばり過ぎ」、「ベースをもうちょっと出せ」などと注文を出しては、何回も何回もミックスをやり直させます。そういう会議を通じて、ラジオの小さなスピーカーから出てきた時に最も訴える力が大

THE TEMPTATIONS
"Gold"

64年の初ヒット、〈ザ・ウェイ・ユー・ドゥー・ザ・シングズ・ユー・ドゥー〉から、84年の〈トリート・ハー・ライク・ア・レイディ〉までを網羅したベスト。エディ・ケンドリックスとデイヴィッド・ラフィンの時代から、デニス・エドワーズをフィーチャーしたノーマン・ウィットフィールド制作のサイケデリック・ソウルを中心に、テンプスの黄金期が一望できます。
Polydor, 1998

きくなるように音を作っていったのです。つまり、スタジオのモニターで聞いた音がそのままレコードの音になるのではないことを分かっていて、ラジオから実際に流れる音を念頭において作っていたわけです。

そうやってできあがったモータウンのミックスは、じつに独特なものでした。ベリー・ゴーディはとにかくタンバリンが好きで、必ずといっていいほどタンバリンが大きい音でミックスされていました。モータウンのサウンドには目立ったゴスペルっぽさはありませんが、このタンバリンの使用は完全にゴスペルの影響でしょう。それに加えて、たとえばヴィブラフォンのようにポップスで使われることの珍しかった楽器の多用も特徴的でした。しかし、なによりもモータウン・サウンドをモータウン・サウンドたらしめたのは、ベースとドラムの黄金コンビだったのです。

ファンク・ブラザーズ

たとえば、フィル・コリンズの八二年のカヴァー・ヴァージョンでも有名なスープリームズの〈恋はあせらず〉の印象的なイントロ。あのベース・ラインが良い例ですが、モータウン・サウンドの特徴はリズム・セクションにあります。

モータウンのレコードの大半で演奏していたハウス・バンドは〝ファンク・ブラ

ザーズ〟と社内で呼ばれていました。その要だったベースのジェイムズ・ジェイマソンとドラムズのベニー・ベンジャミン、この二人がいなかったらモータウン・サウンドはなかった、といってしまったら大げさでしょうか。もちろん、当時聞いていた人は誰もその名前を知らなかったでしょうが、とくにジェイマソンに影響を受けていないベーシストはまずいません。もしポール・マッカートニーに影響を受けたベーシストを訊ねたら、まず間違いなく「モータウンの彼」と答えるでしょう。

モータウンの場合、作曲者が自分でプロデューサーを兼ねることが多いので、ミュージシャンには簡単なコード譜しか渡さないやり方、いわゆるヘッド・アレンジでレコーディングを進めることが多かったようですが、あのベース・ラインもジェイマソンが自分で考えたそうです。彼のプレイは、とにかくフレージングがユニークで、三連なども多く使った個性的な細かいラインを弾きますが、うるさくはないし、なによりもリズムがしっかりしています。

このモータウンのリズム・セクションのメンバーは、だれもがジャズを志望するミュージシャンでした。そのことがあのユニークなモータウン・サウンドに少なからず影響しているはずです。会社ができた当初は、彼らミュージシャンたちにはユニオン（ミュージシャンの労働組合）の規定料金より遙かに安いギャラしか支払われていなかったのですが、ゴーディはジャズ・ワークショップというレーベルを作って、R&

Bの仕事を安くやってくれればジャズのレコードを作らせてあげるよ、と彼らのジャズ好きにつけこんで安いギャラで働かせたとも言われています。ジャズのレコードはどうやら実現しなかったようですけど……。

ホランド＝ドージアー＝ホランド

初期のモータウンを支えたスモーキーを引き継いで黄金時代を作りあげたのが、エディ・ホランド、ラモント・ドージアー、ブライアン・ホランドという三人のソングライター／プロデューサー・トリオでした。マーサ&ザ・ヴァンデラズの初期のヒットから、全盛期のスープリームズとフォー・トップスのヒット曲のほとんど全部を作り、プロデュースしているのが、このホランド＝ドージアー＝ホランド（H＝D＝H）です。ぼくがすぐ思い浮かべる典型的なH＝D＝Hの曲といえば、フォー・トップスの〈アイ・キャント・ヘルプ・マイセルフ〉とか、アイズリー・ブラザーズの〈ディス・オールド・ハート・オヴ・マイン〉などですが、一般に多くの人が言う〝モータウン・サウンド〟というのは、H＝D＝Hのサウンドといっていいでしょう。

ラモント・ドージアーはもともと歌手でしたが、あまりパッとせず、モータウン設立のころからソングライターとして働いていたブライアン・ホランドとソングライ

MARTHA & THE VANDELLAS
"The Ultimate Collection"

スープリームズと比べるとヴァンデラズはもっと粗削りでエキサイティングなノリを持っていました。彼女たちのヒット曲も基本的にH＝D＝Hが提供していたのですが、この歌声では印象も変わってきます。ミッキー・スティーヴンスンとマーヴィン・ゲイ作の〈ダンシング・イン・ザ・ストリート〉をはじめ、〈ヒートウェイヴ〉〈ジミー・マック〉などを収録。

Motown, 1998

ター・チームを組むことになります。その頃エディ・ホランドは歌手で、ジャッキー・ウィルスンふうの歌で小ヒットを出していましたが、ステージではあがり症で存在感がなくてだめでした。そこで裏方に回って弟たちと組むことにします。ブライアンは曲を書き、エディは詞、ラモントが両方、プロデュースはブライアンとラモントが担当しました。最初の大ヒットは六三年のマーサ&ザ・ヴァンデラズの〈ヒート・ウェイヴ〉で、次いでスープリームズと組んで六四〜六七年にナンバー・ワン・ヒットを連発することになります。

　ぼくが最初に買ったモータウンのシングルは、スープリームズの〈愛はどこへいったの〉でした。その曲から五曲連続全米ナンバー・ワンという大記録を打ち立てたスープリームズは、モータウンの成功のシンボルともいうべき存在でした。親しみやすいH=D=Hのメロディーを個性的な声で歌うダイアナ・ロスは、モータウンが白人層へ、そして世界へと浸透していくうえでアイドル歌手的な役割を果たします。

　ダイアナの歌にはマーサ&ザ・ヴァンデラズほどの骨はないし、彼女の歌にはあまりソウルを感じられません。でも中学生のころにはそんな屁理屈は考えもせず、夢中でした。今思うと、あの頃のスープリームズは、社会の様々な分野に進出をし始めた黒人の代表としての明るい輝きを放っていました。たしかに彼女たちが白人におもねっているという批判もできますが、たとえばコパカバーナのような高級サパー・ク

DIANA ROSS & THE SUPREMES

"The Number 1's"

タイトル通り、ダイアナ・ロス在籍時のスープリームズのナンバー・ワン・ヒットをすべて、さらにダイアナがソロで歌った〈ラヴ・ハンゴーヴァー〉やモータウンを離れた後までを収録。ダイアナの歌唱力について色々いわれますが、スープリームズはとにかく黄金時代のモータウンを象徴するグループで、フォー・トップスと共にH=D=Hのサウンドの結晶となりました。

Motown, 2004

ラブで歌うことは、当時は歌手として最高の名誉だったでしょうし、黒人の歌手があいうところで歌うということが、他の黒人歌手たちに夢を与えたはずです。軟弱といえば軟弱な音楽ですが、そういう意味では見事にソウルの時代に貢献したと思います。

スープリームズと並ぶホランド＝ドージアー＝ホランドのサウンドの結晶が、フォー・トップスの数々のヒット曲です。彼らは元々ジャズ畑出身のグループで、モータウンができるずっと以前の五三年に結成されました。彼らは長くデトロイトに住み続け、一九九七年にロレンス・ペイトンが亡くなるまで同じ四人のメンバーで活動していました。

彼らには素晴らしいヒット曲が山ほどありますが、モータウンの歴史を代表する曲のひとつで六五年にナンバー・ワン・ヒットとなった〈リーチ・アウト、アイル・ビー・ゼア〉は、いつものモータウンのパターンからは外れている曲で、最初に聞いた時にはかなり驚きました。木管楽器とパーカッションをフィーチャーした奇妙なサウンドをバックに、リード・シンガーのリーヴァイ・スタッブズがダイナミックなヴォーカルを聞かせます。このドラマティックな名曲は、H＝D＝Hのプロダクションの新しい側面を見せたもので、このあとには〈スタンディング・イン・ザ・シャドウズ・オヴ・ラヴ〉などの野心的なアレンジのヒットが続きました。

THE FOUR TOPS
"Gold"

64年の〈ベイビー・アイ・ニード・ユア・ラヴィング〉から始まって、H＝D＝Hがフォー・トップスのために書き下ろした数々の大ヒットはみんな入っています。〈リーチ・アウト・アイル・ビー・ゼア〉〈アイ・キャント・ヘルプ・マイセルフ〉など、リーヴァイ・スタッブズのパワーに満ちたリード・ヴォーカルが輝く名曲は、時代のサウンドトラックでした。

Motown, 2005

アーティスト育成部門

スモーキー、H＝D＝Hら有能なプロデューサー&ソングライターとファンク・ブラザーズの演奏が作りだすサウンドが、モータウンの成功の要だったことは間違いありませんが、もうひとつ忘れてはならないのがアーティスト・デヴェロップメントという、ほとんどタレント学校のような部門です。

スターを夢見る歌手の卵たちはここで歌唱、振付けから、歩き方、衣装、インタヴューの受け答えなど細かい点に至るまで、すべてを指導されました。たとえば歩き方ひとつを取ってみても、尻を突き出して歩くように教えるなど、とくに白人から滑稽に思われないように、田舎くさく見られないように意識して、洗練されたモータウンのイメージを作りだしたのです。

この部門の教師たちの中でとくに有名なのは、テンプテイションズを筆頭に各グループの個性的な振付けを担当したチョリー・アトキンズでしょう。アトキンズはスウィング・ジャズの時代から活躍する大ヴェテランのダンサーでしたが、五〇年代にニュー・ヨークでアポロ劇場に出演しているドゥー・ワップのグループにステップを厚意で教えていたのが評判になり、自分でスタジオを借りて教える方の専門になりました。ヴォーカル・グループのステップを作り出した張本人といえます。彼が教えた

JUNIOR WALKER & THE ALL-STARS
"The Ultimate Collection"

ジューニア・ウォーカーはアーカンソー出身のテナー・サックス奏者で、ポップなサウンドを特徴としたモータウンの中では若干異質の存在でした。泥臭いサックスによるファンキーなインストルメンタルのダンス・ナンバーで高い人気を得ました。タイトルを叫ぶヴォーカルも楽しい〈ショットガン〉、〈ロードランナー〉など名作だらけのベストです。

Motown, 1997

グループのひとつがミラクルズだったことから、六五年にモータウンのスタッフに加わります。彼のショー・ビジネスでの長年の経験は、モータウンのアーティストたちをラス・ヴェガスのサパー・クラブのような一流の場所にも立たせたい、というゴーディの目標にも適うものでした。

ニュー・モータウンの象徴、ノーマン・ウィットフィールド

六〇年代も後半に入ると、アメリカ社会全体がヴェトナム戦争の泥沼化などを背景に混迷の様相を深めていきます。黒人社会も公民権運動からブラック・パワーの時代へと移りますが、それにつれてモータウン・サウンドも変化を見せはじめます。その中心になったのが、プロデューサー／ソングライターのノーマン・ウィットフィールドです。

ウィットフィールドは若いときにモータウンのスタッフに加わり、プロデューサーとして独り立ちする機会を待っていました。とくに彼が狙っていたのがテンプテイションズです。テンプテイションズのプロデューサーはスモーキー・ロビンスンがずっと担当していました。スモーキーはゴーディの古い友達で副社長でもある男ですから、ウィットフィールドにとってはライヴァルというよりも会社の体制の象徴のよ

うなものでしたが、なんとしてもスモーキーからテンプテイションズを奪いたかったようです。

六五年に〈マイ・ガール〉の全米ナンバー・ワン・ヒットを放って、人気グループとなったテンプテイションズですが、その後はヒットは出ていたもののトップ・テン入りするヒットは出せずにいました。彼らはモータウンにとって重要なグループでしたから、ベリー・ゴーディは何とかしようとして、スモーキーを担当からはずし、ウィットフィールドに彼らのプロデュースを任せてみることにしました。モータウンのサウンドの変化を象徴するこの事件が起きたのは六六年のことで、それから七〇年代初めまでテンプテイションズは大ヒットを連発します。

ノーマン・ウィットフィールドが特異な個性を発揮しだすのは、テンプテイションズのリード・ヴォーカルがデイヴィッド・ラフィンからデニス・エドワーズに代わった六八年の〈クラウド・ナイン〉からで、このとき同時にサウンドも大きく変化しました。サイケデリック・ソウルなどとも呼ばれた新しいサウンドは、当時のサイケデリック・ロックやスライ&ザ・ファミリー・ストーンの影響を受けたもので、ワウワウ・ギターなどのロックの要素も取り入れたロック的なリズムのファンクです。

一曲の時間も長くなりましたし、歌詞の内容もドラッグを題材にした〈クラウド・ナイン〉のように、普通のラヴ・ソングよりも社会意識が表れている曲が増えます。

GLADYS KNIGHT & THE PIPS
"The Ultimate Collection"

天才歌手、グラディス・ナイトと兄弟たちのピップスは、50年代から活動を続けてきたベテランですが、彼らが全国的な成功を収めるのは65年にモータウンと契約してからでした。ノーマン・ウィットフィールドと組んで放った67年の〈悲しいうわさ〉などのヒット曲が、彼女をアリーサ・フランクリンと並ぶソウル・シーンのトップ女性歌手に押しあげました。
Motown, 1997

その最たるものが七二年の〈パパ・ウォズ・ア・ローリング・ストーン〉で、ぼくが初めてベスト・アルバム以外のモータウンのＬＰを買ったのが、たしかその曲の十一分を越すフル・ヴァージョンが入った『オール・ディレクションズ』だったと思います。

ぼくはモータウンが大好きでしたが、それまで買っていたのはシングル盤ばかりでした。音楽市場がシングル中心からＬＰ中心へと変わったのは六七年頃ですが、ブラック・ミュージックの場合はもっと後で、〈パパ・ウォズ・ア・ローリング・ストーン〉が出た七二年頃のことです。これは音楽業界の仕組みと関係しています。当時の音楽業界を支配していた白人たちにしてみれば、売れる見込みのない黒人のＬＰに投資する必要はなかったので、必然的に黒人向けの音楽はシングル中心の発売となりました。もちろん当時のブルー・カラーの黒人たちにはＬＰを買うのが大変だったという購買力の問題もあります。

そんなわけで、モータウンにアルバムの時代が訪れたのも、七〇年代に入ってマーヴィン・ゲイの『ウォッツ・ゴーイン・オン』やスティーヴィー・ワンダーの一連のアルバムが登場してからのことです。この二人についてはあとで詳しく触れましょう。

GLADYS KNIGHT
"Greatest Hits"

グラディスはモータウン時代の他にも、素晴らしいヒット曲があるので、どうしても複数のベストが欲しくなります。知名度はすこし落ちますが、カーティス・メイフィールドがプロデュースした『クローディーン』という映画のサウンドトラックから、〈メイク・ユアーズ・ア・ハッピー・ホーム〉と〈オン・アンド・オン〉という名曲が収録されているのが嬉しいです。

BMG, 1998

LAへ――モータウンの終焉

今から振り返って見てみれば、モータウンのピークは六六～六七年ということになるでしょう。その成功ゆえに、売れてきた歌手たちがそれぞれに自分の権利を主張し始めます。そして、不満を持った人間は次第に離れていき、初期のモータウンの原動力だった共同体的な良さが徐々に失われていきました。

モータウンにとってとくに大きな痛手だったのは、六八年にホランド＝ドージアー＝ホランドが会社を辞めたことです。会社にこれだけ貢献しているのだから印税をもっと上げてくれ、という彼らの申し出をベリー・ゴーディが受け入れなかったことが理由でした。彼らはモータウンとの裁判を経て独立し、自分たちのレーベル、インヴィクタスとホットワックスを設立しました。また、このころにはなぜかスモーキー・ロビンスンがクリエイティヴな才能を発揮しなくなり、曲をあまり書かなくなっていました。ノーマン・ウィットフィールドや、新たに加わったニコラス・アシュフォード&ヴァレリー・シンプスンという夫婦の作曲／プロデューサーのチーム等がヒット曲を生み出してはいましたが、モータウン・サウンドを特徴づけた二組のソングライター／プロデューサーの退場はあまりに大きな損失でした。

そんななかでベリー・ゴーディはダイアナ・ロスを大スターにすることに専心し始

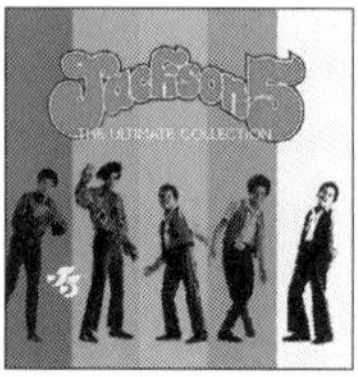

THE JACKSON 5
"The Ultimate Collection"

ジャクスン兄弟がモータウンと契約したのは69年。マイケルはまだ10歳でしたが、歌とダンスに非凡な才能を見せていました。金の卵だった彼らの制作を担当したのは、フレディ・ペレンやゴーディ社長自らが加わった「ザ・コーポレイション」。その甲斐あって、〈アイ・ウォント・ユー・バック〉から４曲連続全米第１位という派手なデビューを飾りました。

Motown, 2002

めます。音楽的にはモータウンのもっとも軟弱な部分を代表したスープリームズ〜ダイアナ・ロスに比重をかけすぎたともいえますが、会社の方針がすでに変わってきていました。ダイアナ・ロスの主演による映画を撮りたい、プロモーションにもっとテレビを活用したいといった具合に、映画やテレビ業界への進出を考え始めていたのです。そのために、ゴーディは映画とテレビの中心地、ロス・アンジェレスへ会社を移すことを六七年頃から検討していて、七一年についにデトロイトを離れます。

六九年にデビュー、翌年にかけて四曲連続全米ナンバー・ワンを記録して華々しく登場したジャクスン・ファイヴを最後に、ヒット製造マシーンとしてのモータウンの時代は終わりを告げます。七〇年代にはマーヴィン・ゲイとスティーヴィ・ワンダーが大成功を収めますが、彼らのヒット曲は自立したミュージシャンとして自らの手で作りあげた作品であり、すでにモータウンはそのレコードを販売するだけの会社にすぎませんでした。

V.A.

"Standing In The Shadows Of Motown"

60年代モータウンのバックで演奏したスタジオ・ミュージシャンたち、ファンク・ブラザーズを題材としたドキュメンタリー映画『永遠のモータウン』のサウンドトラック盤は、映画のために新たに録音されたものですが、このデラックス・エディションの２枚目には、60年代の曲からヴォーカルを抜いて、演奏の素晴らしさを聴かせる感動のリミックスがいっぱい。

Universal, 2004

1	**Reet Petite** リート・プティート	Jackie Wilson ジャキー・ウィルスン
2	**Money** マニー	Barrett Strong バレット・ストロング
3	**Shop Around** ショップ・アラウンド	Miracles ミラクルズ
4	**You've Really Got A Hold On Me** ユーヴ・リアリー・ゴット・ア・ホールド・オン・ミー	Miracles ミラクルズ
5	**The Tracks Of My Tears** トラックス・オヴ・マイ・ティアーズ	Miracles ミラクルズ
6	**Please Mr. Postman** プリーズ・ミスター・ポストマン	Marvelettes マーヴェレッツ
7	**Don't Mess With Bill** ドント・メス・ウィズ・ビル	Marvelettes マーヴェレッツ
8	**Do You Love Me** ドゥー・ユー・ラヴ・ミー	Contours コントゥアーズ
9	**My Guy** マイ・ガイ	Mary Wells メアリ・ウェルズ
10	**Two Lovers** トゥー・ラヴァーズ	Mary Wells メアリ・ウェルズ
11	**Every Little Bit Hurts** エヴリ・リトル・ビット・ハーツ	Brenda Holloway ブレンダ・ホロウェイ
12	**Can I Get A Witness** キャン・アイ・ゲット・ア・ウィトネス	Marvin Gaye マーヴィン・ゲイ
13	**How Sweet It Is (To Be Loved By You)** ハウ・スウィート・イット・イズ(トゥ・ビー・ラヴド・バイ・ユー)	Marvin Gaye マーヴィン・ゲイ
14	**Ain't That Peculiar** エイント・ザット・ピキュリア	Marvin Gaye マーヴィン・ゲイ
15	**Hitch Hike** ヒッチ・ハイク	Marvin Gaye マーヴィン・ゲイ
16	**I Heard It Through The Grapevine** アイ・ハード・イット・スルー・ザ・グレイプヴァイン(悲しいうわさ)	Marvin Gaye マーヴィン・ゲイ

このモータウンのプレイリストは基本的に六〇年代の曲に限定しました。七〇年代に入ると会社の拠点がデトロイトからLAに移り、音楽もだいぶ変わります。「モータウン・サウンド」といえば、やはり六〇年代の黄金時代を指すものです。

創設者のベリー・ゴーディは会社を興す前からソングライターとして活動していました。その意味でモータウンのルーツに当たる曲、彼がジャッキー・ウイルスンのために作曲した〈リート・プティート〉①から始めます。続く〈マニー〉②は、五九年に誕生したモータウンの初ヒットとなった六〇年の名曲。もちろん世界的に有名になったのは初期のビートルズがカヴァーしたからです。ミラクルズの〈ユー・ヴ・リアリー・ゴット・ア・ホールド・オン・ミー〉④も、マーヴェレッツの〈プリーズ・ミスター・ポストマン〉⑥も同じ『ウィズ・ザ・ビートルズ』に収録された曲で、ビートルズがいかに初期のモータウン（当時のイギリスではほとんど知られていませんでした）にのめり込んでいたかが窺えます。

ミラクルズのスモーキー・ロビンスンはベリー・ゴーディの親友で、ソングライター、歌手、プロデューサーとして大活躍しました。詩人としての彼の才能を高く評価したボブ・ディランまで取り上げた（二〇一九年に発表されたローリング・サンダー・レヴューのライヴ音源）〈トラックス・オヴ・マイ・ティアーズ〉⑤は名曲中の名曲です。

イギリスでは〈ドゥー・ユー・ラヴ・ミー〉⑧もカヴァーでヒットしました。モータウン関係で初めてチャートに上がったのは、たぶんビートルズの推薦があったメアリー・ウェルズ⑨⑩だったと思います。スモーキーが手がけた見事なポップ・ソウルです。ブレンダ・ホロウェイの〈エヴリ・リトル・ビット・ハーツ〉⑪を、ぼくはスペンサー・デイヴィス・グループのカヴァーで知りました。

六四年頃から本格的なモータウン・サウンドが形になっていきます。マーヴィン・ゲイ⑫〜⑯、マーサ・アンド・ザ・ヴァンデラズ⑰〜⑳、テンプテイションズ㉑〜㉕、フォー・トップス㉖〜㉘、スープリームズ㉙〜㉜はそれぞれ個性があり、複数のソングライターやプロデューサーが関わっていますが、

17	**Dancing In The Street** ダンシング・イン・ザ・ストリート	Martha & The Vandellas マーサ＆ザ・ヴァンデラズ
18	**Nowhere To Run** ノーホェア・トゥ・ラン	Martha & The Vandellas マーサ＆ザ・ヴァンデラズ
19	**(Love Is Like A) Heat Wave** ヒート・ウェイヴ	Martha & The Vandellas マーサ＆ザ・ヴァンデラズ
20	**Jimmy Mack** ジミー・マック	Martha & The Vandellas マーサ＆ザ・ヴァンデラズ
21	**Ain't Too Proud to Beg** エイント・トゥー・プラウド・トゥ・ベグ	Temptations テンプテイションズ
22	**The Way You Do The Things You Do** ザ・ウェイ・ユー・ドゥ・ザ・シングズ・ユー・ドゥ	Temptations テンプテイションズ
23	**My Girl** マイ・ガール	Temptations テンプテイションズ
24	**(I Know) I'm Losing You** （アイ・ノウ）アイム・ルージング・ユー	Temptations テンプテイションズ
25	**I Can't Help Myself (Sugar Pie, Honey Bunch)** アイ・キャント・ヘルプ・マイセルフ（シュガ・パイ、ハニ・バンチ）	Four Tops フォー・トップス
26	**Standing In The Shadows Of Love** スタンディング・イン・ザ・シャドウズ・オヴ・ラヴ	Four Tops フォー・トップス
27	**Reach Out I'll Be There** リーチ・アウト・アイル・ビー・ゼア	Four Tops フォー・トップス
28	**Bernadette** バーナデット	Four Tops フォー・トップス
29	**Where Did Our Love Go** ウェア・ディッド・アワ・ラヴ・ゴー（愛はどこへいったの）	Supremes スープリームズ
30	**Baby Love** ベイビー・ラヴ	Supremes スープリームズ
31	**Stop! In The Name Of Love** ストップ！イン・ザ・ネイム・オヴ・ラヴ	Supremes スープリームズ
32	**You Can't Hurry Love** ユー・キャント・ハリー・ラヴ（恋はあせらず）	Supremes スープリームズ

ほとんどの曲でバックを務めたファンク・ブラザーズの功績もあって、モータウンのアイデンティティがみんなの意識に深く刻まれた時期です。

　モータウンの音楽をソウルとは思わない人もいます。スープリームズのイメージが強いからかもしれません。たしかに彼女たちはアイドル風に売り出されたし、軽い感じの曲も多いですが、むしろ例外的な存在と言えるでしょう。同じ時期にちょっとヒットしたヴェルヴェレッツ㉝㉞はもう少し甘味が抑えられています。ゴスペル風のグループとして出発したアイズリ・ブラザーズがモータウンに在籍したのは短期間だけですが、スープリームズと同じホランド＝ドージアー＝ホランドのソングライター兼プロデューサー・チームによる〈ディス・オールド・ハート・オヴ・マイン〉㉟はイギリスで大ヒットしました。いかにもイギリス人が好みそうなメロディの曲で、これが収録された『Motown Chartbusters 3』というパーティご用達のコンピレイションＬＰは一世を風靡したものです。

　サックス奏者のジューニア・ウォーカー㊱㊲㊳は、モータウンのアーティストの中でとりわけファンキーな存在です。彼もイギリスで大人気で、ぼくが初めて買ったモータウンのＬＰは彼のベストでした。

　ロマンティックな雰囲気のマーヴィン・ゲイは何人かの女性歌手とデュエットのレコードを出しました。その中から個人的なフェイヴァリットの〈イット・テイクス・トゥー〉㊴、そして大ヒットしたタミー・テレルとの二曲㊵㊶を。マーヴィンの代表曲〈アイ・ハード・イット・スルー・ザ・グレイプヴァイン〉のオリジナルはグラディス・ナイトの名バラード㊸で、七〇年代初頭の曲ですが例外的に入れました。スティーヴィ・ワンダーが本領を発揮するのは七〇年代ですが、一〇代の頃の曲にも素晴らしいものが多いので四曲を選んでみました㊹〜㊼。

　最後に、新時代の幕開けともいえるジャクスン・ファイヴの〈アイ・ウォント・ユー・バック〉㊽。この曲でゴキゲンなベースを弾いているのは、なんとクルーセイダーズのサックス奏者として知られるウィルトン・フェルダーです。脱線しました！

33	**He Was Really Sayin' Somethin'** ヒー・ワズ・リアリー・セイン・サムシン	Velvelettes ヴェルヴェレッツ
34	**Needle In A Haystack** ニードル・イン・ア・ヘイスタック	Velvelettes ヴェルヴェレッツ
35	**This Old Heart Of Mine** ディス・オールド・ハート・オヴ・マイン	Isley Brothers アイズリ・ブラザーズ
36	**Shotgun** ショットガン	Jr. Walker & The All Stars ジューニア・ウォーカー＆ジ・オール・スターズ
37	**Shake And Fingerpop** シェイク・アンド・フィンガーポップ	Jr. Walker & The All Stars ジューニア・ウォーカー＆ジ・オール・スターズ
38	**How Sweet It Is (To Be Loved By You)** ハウ・スウィート・イット・イズ（トゥ・ビー・ラヴド・バイ・ユー）	Jr. Walker & The All Stars ジューニア・ウォーカー＆ジ・オール・スターズ
39	**It Takes Two** イット・テイクス・トゥー	Marvin Gaye & Kim Weston マーヴィン・ゲイ＆キム・ウェストン
40	**Ain't No Mountain High Enough** エイント・ノー・マウンテン・ハイ・イナフ	Marvin Gaye & Tammi Terrell マーヴィン・ゲイ＆タミー・テレル
41	**Ain't Nothing Like The Real Thing** エイント・ナシング・ライク・ザ・リアル・シング（恋はまぼろし）	Marvin Gaye & Tammi Terrell マーヴィン・ゲイ＆タミー・テレル
42	**Neither One Of Us (Wants To Be The First To Say Goodbye)** ニーザー・ワン・オヴ・アス（さよならは悲しい言葉）	Gladys Knight & The Pips グラディス・ナイト＆ザ・ピップス
43	**I Heard It Through The Grapevine** アイ・ハード・イット・スルー・ザ・グレイプヴァイン（悲しいうわさ）	Gladys Knight & The Pips グラディス・ナイト＆ザ・ピップス
44	**Uptight (Everything's Alright)** アップタイト	Stevie Wonder スティーヴィ・ワンダー
45	**I Was Made To Love Her** アイ・ワズ・メイド・トゥ・ラヴ・ハー（愛するあの娘に）	Stevie Wonder スティーヴィ・ワンダー
46	**For Once In My Life** フォー・ワンス・イン・マイ・ライフ	Stevie Wonder スティーヴィ・ワンダー
47	**Signed, Sealed, Delivered I'm Yours** サインド・シールド・デリヴァード、アイム・ユアーズ（涙をとどけて）	Stevie Wonder スティーヴィ・ワンダー
48	**I Want You Back** アイ・ウォント・ユー・バック（帰ってほしいの）	Jackson 5 ジャクスン・ファイヴ

04

サザン・ソウル

——スタックスが作りあげた60年代の奇跡

白人と黒人が共同で創造した新しい音楽

洗練された都会的なソウル・サウンドで人気を得たモータウンに対抗するように、六〇年代の南部からはもっと泥臭くて、ゴスペルの影響をもっと直接感じさせるサウンドが生まれてきます。メンフィスのスタックス・レコードを中心にしたこのサウンドは、当時はメンフィス・サウンド、現在ではサザン・ソウルと呼ばれています。

この南部生まれのソウル・ミュージックの大きな特徴のひとつは、白人と黒人が共同で創造した、しかも経営者対労働者という関係ではなく、対等のパートナーとして一緒に仕事をした中から生まれたものだということです。もちろん南部は人種差別の激しい社会であり、公民権運動が広がるなかで人種間の軋轢《あつれき》はありました。

しかし、建前として平等な北部よりも、差別的な社会構造がはっきりしている南部のほうが、逆に白人と黒人がフランクにつきあえるという側面もありました。そのことはジェイムズ・ブラウンの伝記でも語られていますが、そういう南部的風土に育ったスティーヴ・クロッパーやダン・ペンのような黒人音楽を愛する白人の若者たちと黒人歌手たちが、協力しあって新しい音楽を創造しようとする動きが、公民権運動の高まりに代表される六〇年代という時代を背景に、奇跡的に美しい音楽を生み出したのです。

サザン・ソウルのメッカ、メンフィス

サザン・ソウルの中心地となったメンフィスは、黒人労働者が南部から北部へ移動するときの中継地点にあたり、戦前から栄えていました。最初はブルーズの街として知られ、赤線街のビール・ストリートにあるクラブには多くのシンガーが出演し、四〇年代に放送を始めたラジオ局ＷＤＩＡではハウリン・ウルフ、Ｂ・Ｂ・キング、ルーファス・トマスらがＤＪとして活躍していました。四〇年代後半には、ビール・ストリーターズというグループからボビー・ブランド、ジョニー・エイス、ジューニア・パーカーといった優れた歌手が登場しています。

ただし、この街に初めてレコーディング・スタジオができたのは意外なほど遅くて、五〇年になってからのことでした。これがかの有名なサム・フィリップスのサン・スタジオです。フィリップスが最初はブルーズ、次いでエルヴィス・プレズリーをはじめとするロカビリーのレコードを制作して大成功を収めると、次々に新しいレーベルが生まれました。そんなレーベルのひとつが、カントリーのフィドル奏者だったジム・ステュワートのスタックス・レコードです。

スタックスの設立

大学を出てから銀行で出納係として働いていたジム・ステュワートが、五七年にカントリーのレコードを作りたくてガレージで録音したのが、スタックスの歴史の第一歩でした。ジムより十二歳上の姉でやはり銀行員のエステル・アクストンは、できあがった粗雑なレコードを聞かされて、「もっと良い音で録音しよう」と翌年に二千五百ドルを投資してメンフィス郊外ブランズウィックの倉庫にスタジオを作ります。このスタジオで姉弟は五九年にサテライト・レコードの営業を始めますが、この年にジムはレイ・チャールズの〈ワッド・アイ・セイ〉を聞いて、初めて黒人音楽に日覚めたといいます。

六〇年には、ガレージ録音時代からの知人チップス・モーマンが見つけてきたメンフィス市内の黒人街にあった古い映画館に会社を移します。ホールをスタジオに、ステージを副調整室に改造したうえに、正面の菓子屋をレコード店にしました。店には新しもの好きの黒人が集まってくることから、売れ筋の音の分析ができたし、レコード制作の資金源にもなったのです。

サテライトにとって最初のヒット歌手となったのは、地元局WDIAのDJ、ルーファス・トマスでした。ルーファスはビッグ・ママ・ソーントンの〈ハウンド・ドッ

V.A.

"The Complete Stax-Volt Singles 1959-1968"

多くのリスナーにはマニアックすぎるかもしれませんが、レコード制作に素人同然だったジム・ステュアートと姉のエステル・アクストンがスタックス・レーベルをソウルの象徴にするまでのプロセスがこの音源で如実に分かります。またここに収録されているほとんどの曲のリズム・セクションを務めたブッカー・T＆ジ・MGズのグルーヴの素晴らしさには脱帽です。

Atlantic, 1991

グ〉へのアンサー・ソング〈ベア・キャット〉をサン・レコードでヒットさせたことがある歌手ですが、サンはプレズリーが成功したあとは黒人の吹き込みをしなくなっていました。

そんな彼があるときステュワートらのレコード店に立ち寄り、娘カーラとのデュエットを吹き込むことになります。この〈コズ・アイ・ラヴ・ユー〉のプロモーションのためにジム・ステュワートは、南部一帯に大きな影響力を持つナッシュヴィルのラジオ局WLACのDJの一人、ジョン・リッチバーグに曲の権利を分け与えました。おかげで印税の一部を受け取ることになったリッチバーグ（通称「ジョン・R」）はレコードをかけまくり、この曲は地元でヒットします。

サテライトが次いで発売したカーラ・トマスのソロ曲〈ジー・ウィズ〉は、ニュー・ヨークのアトランティック・レコードが全国に配給して、六一年の春にトップ・テン入りする大ヒットとなりました。

その二枚のシングルで演奏していたスタジオ・ミュージシャンたちは、スティーヴ・クロッパー、ドン・ニックスら全員が黒人音楽ファンの白人でした。ギタリストのスティーヴはこのあと、ベースのドナルド・ダック・ダン、ドラムズのアル・ジャクスン、キーボードのブッカー・T・ジョーンズの四人から成るブッカー・T&ジ・MGズというスタックスのハウス・バンドの一員となります。当時は珍しかった黒白

V.A.
"Stax 50th Anniversary Celebration"
スタックスの主立ったヒット曲が聴ければいいという方には、スタックスの設立50周年に企画されたこの２枚組をお薦めします。アトランティックと手を組んでいた68年までの時期と、アイザック・ヘイズやステイプル・シンガーズなどが主役となっていった70年代のヒットがぎっしりと詰まっています。文句のない中身ですが、これが好きならもっと聞きたくなるはず。
Stax, 2007

混成の彼らは、メンフィス産の重要なソウル・レコードのほとんどすべてのリズム・セクションを務めることになります。彼らがマー・キーズと名乗って発売したブルーズ風インストルメンタルの〈ラスト・ナイト〉は、同年夏に全米第三位の大ヒットとなりました。そのときに登録商標上のクレームがついたため、レーベル名をサテライトから、ステュワートのSTとアクストンのAXをとって「スタックス」に変更し、彼らの躍進が始まります。

ちなみに、MGズというグループ名は「メンフィス・グループ Memphis Group」を意味すると思われていますが、じつは違います。スタックスのごく初期にエンジニアを務めていたチップス・モーマンはイギリスのスポーツ・カーが好きで、自分が参加したグループの名前を愛用の車にちなんでトライアンフス（Triumphs）とするほどでした。そして、ブッカー・Tたちがレコードを出すに当たってグループ名を決めかねていたとき、スタジオの前に駐めてあったチップスの真っ赤なMG車が再びインスピレイションの元となったようです。

不世出の名歌手、オーティス・レディング

スタックスを、サザン・ソウルを、全米、そして全世界に知らしめた不世出の名歌

BOOKER T. & THE MG'S
"The Very Best Of Booker T. & The MG's"
オルガンのブッカー・Tとドラムズのアル・ジャクスンの黒人２人と、ギターのスティーヴ・クロッパーとベースのドナルド"ダック"ダンの白人２人の、当時は珍しい黒白混成グループだったMGズ。彼らはスタックスのヒットのほとんどでバックを務める傍ら、自分たちでもヒットを飛ばしました。これはアトランティック配給時代のベストです。
Rhino, 1994

手がオーティス・レディングです。「史上最高のソウル歌手」という呼び名が決して大袈裟ではないオーティスはジョージア州メイコン出身。リトル・リチャードとサム・クックに影響を受けて、ハイ・スクールの頃から歌いだしました。

ここで話が横道にちょっとそれますが、『アニマル・ハウス』（ジョン・ランディス監督、一九七八年）という映画をご覧になったことがある人は、あの中のトーガ・パーティーで黒人のR&Bバンドが雇われていたシーンを思い出してください。当時のR&Bバンドにとって重要な演奏場所は、あのような白人大学のフラターニティ（日本の同好会、クラブ的なもの）のパーティーだったのです。人種差別がはっきりしていた社会だから、黒人クラブ以外で演奏できる場所はほとんどなかったわけで、こういったパーティーの仕事は彼らが生計を立てるうえでとても重要だったようです。またこれは当時の白人の若者たちの黒人音楽への欲求をも示している事実だと思います。オーティスが、マネジャーとなるフィル・ウォールデンやのちの奥さんのゼルマに、そしてローディー兼歌手を務めることになる地元のグループ、ジョニー・ジェンキンズ&ザ・パイントッパーズに出会ったのも、フラターニティのパーティーの仕事でのことだったといいます。

オーティスのレコード・デビューは、そのジョニー・ジェンキンズがスタックスのスタジオでレコーディングした際に、スタジオの残り時間に自作曲を歌わせてもらっ

OTIS REDDING

"Dreams To Rember: The Otis Redding Anthology"

62年の〈ディーズ・アームズ・オヴ・マイン〉から、67年の〈ドック・オヴ・ザ・ベイ〉までを網羅した２枚組のベスト。まだまだ田舎くさかったデビューの頃から急速に洗練されていくのがよくわかります。アップテンポのノリの良さ、バラードの説得力、どちらも言うことなしです。サム・クックからストーンズまで他人の曲を独自の解釈で歌うセンスもすごい。

Atlantic, 2004

たことがきっかけです。このとき録音したバラード、〈ディーズ・アームズ・オヴ・マイン〉は、これまた共作者のクレジットをもらったWLACのジョン・Rが半年もガンガンかけ続けた結果、六三年にR&Bチャートでヒットしました。ポップ・チャートではホット100の下の方にちょっと顔を出したくらいでしたが、この曲は、ステュワート自身が「カントリーっぽい（田舎っぽい）」レコードと語っているくらいですから、都会ではすでにスモーキー・ロビンスンが洗練されたヒットを出していた当時は、野暮ったく受け止められたのでしょう。

というわけで、デビュー時のオーティスは南部中心に黒人の中だけで売れていました。初めてポップ・チャートをのぼるヒットとなったオーティスのレコードは六五年の〈愛しすぎて（アイヴ・ビーン・ラヴィング・ユー・トゥー・ロング）〉で、爆発的に白人に受けるのは六七年のモンタレー・ポップ・フェスティヴァルに出演してからです。だれもがヒッピーの格好をしている中、モンタレーで唯一のR&Bアクトだったオーティスとブッカー・T&ジ・MGズだけが緑のスーツを着ていたことからも、彼らがいかに南部の自分たちの小さな世界以外の雰囲気を分かっていなかったかが窺えます。

六七年といえば、モータウン、ジェイムズ・ブラウン、ウィルスン・ピケット、アリーサ・フランクリンなどが続々とヒットを出していた頃ですが、その中で大勢のロック・ファンに受けた最初のソウル・シンガーがオーティスでした。その理由としては、危ない感じのJBやピケットに比べると田舎っぽい素朴な人の良さを感じさせたことや、「愛しあってるかい」と呼びかけ、純粋な愛を切々と歌う姿が「ラヴ&ピース」の時代に似合っていたことが考えられますが、もうひとつオーティスのほうも白人の音楽を積極的に聞こうという意識を持っていたこともあったように思います。

ビートルズの『サージェント・ペパーズ』を擦り切れるほど聞き込んだそうですし、ボブ・ディランの音楽も聞いていました。ディランの〈ジャスト・ライク・ア・ウーマン〉には、「歌詞が多すぎる」という感想を洩らしていたそうですが。ヒットした〈サティスファクション〉は、クロッパーに聞かされて知った曲です。ローリング・ストーンズがどんなグループかも知らなかったのに、自分で歌いたいと思ったオーティスは、まるっきり新しいヴァージョンを作りあげてしまいました。オーティスはスタジオの中でもエネルギーの塊でした。彼は譜面が読めるわけではありませんが、どんどん湧いてくるアイディアのままに、「あんたこのライン弾いて」、「あんたこういうふうにして」などと、自分で全部を指揮していました。その情熱が伝わって、オーティスのセッションはとても楽しいものになったので、スタックスのミュージシャンは誰もが彼のレコーディングに参加したがったそうです。

デビュー前のオーティスはリトル・リチャードのそっくりさんにすぎませんでしたが、リチャードとサム・クックの影響を持ち前の柔軟性で消化して、自分のスタイルを作り出していきました。アップ・テンポの乗りの良さ、バラードの説得力、どちらも言うことなしです。スティーヴ・クロッパーとの共作によるオリジナルもいいし、カヴァー・ヴァージョンもまるで自分の歌のようにしてしまいます。そういえば、テンプテイションズの曲として有名な〈マイ・ガール〉は、イギリスではオーティスのカヴァーがヒットしたので、ずっとオーティスのオリジナルだと思っていた、という恥ずかしいエピソードもぼくにはあります。

残念なことにオーティスは人気絶頂だった六七年の十二月十日に飛行機事故に遭い、二十六歳の若さで亡くなりました。その死後、まるで死を予感していたかのようにもの悲しい〈ドック・オヴ・ザ・ベイ〉がナンバー・ワン・ヒットになります。この曲は六七年夏のヨーロッパ・ツアーから帰ってきてすぐに作ったそうですが、まず奥さんに聞かせたら、あまりにもこれまでと違う曲だと言われて、共作者のスティーヴ・クロッパー以外は誰も気に入ってくれませんでした。本人はぜったい第一位になる曲だと言い張っていたそうですが、もし彼が死ななかったらシングルとして発売されることはなかったかもしれません。

ソウル・ミュージックが、白人と黒人が仲良く一緒にやっていこうとしていた六〇年代半ばの音楽だとすれば、オーティスはまさに象徴的なソウル・シンガーでした。マネジャーのフィル・ウォールデン、レコード会社の社長のジム・ステュワート、共同作曲者のスティーヴ・クロッパーと周りは皆白人なのですが、摩擦などを起こさずに彼らと仲良くやって、素晴らしい「黒人」音楽を作り出した希望の星だったのです。ですから、オーティスの死はマーティン・ルーサー・キング牧師の暗殺と共にスタックスの大きな転機となりました。

そのあたりの話に進む前にいったん時間を戻して、スタックスの発展とアトランティック・レコードの関係を見ていきましょう。

名プロデューサー、ジェリー・ウェクスラー

スタックスの経営は、オーティスのヒットによって軌道に乗ります。そして、相変わらず新人を発掘するのが上手なアトランティック・レコードによって、オーティスの原盤が全国に配給されることになり、スタックスとアトランティックの良好な関係が始まりました。ここで登場するのがアトランティックのプロデューサー、ジェリー・ウェクスラーです。

ウェクスラーはユダヤ人で、もともと『ビルボード』誌の編集者でした。一九四九年に、「レイス・チャート」と呼ばれていた黒人向けポップ・レコードのヒット・チャートを「リズム&ブルーズ・チャート」と改めたのはウェクスラーです。

一九五三年にアトランティック・レコードに引き抜かれたウェクスラーは、創設者のアーメット・アーティガンと並ぶR&Bの名プロデューサーとなったのです。プロデューサーとはいっても、楽器は演奏できないし、エンジニアリングもできません。ではどんなプロデューサーだったかというと、ウェクスラーは上手に雰囲気を作る人であり、ビジネスマンであり、フィクサーでもありました。すさまじいエネルギーをかけて黒人音楽を心底愛した彼がいなければ、ソウル・ミュージックはまったく違ったものになっていたかもしれません。ウェクスラーは、そうまで言えてしまえるほど、ソウル・シーンの中心的存在だったのです。

ウェクスラーは最初はアトランティックの本拠地ニュー・ヨークでずっとレコードを制作していましたが、同じスタッフによる制作が続き、サウンドが均質化してきているることに不満を覚えていました。そんな彼の耳に、スタックスで制作されていたメンフィス・サウンドは非常に新鮮に響いたのです。そこで、ちょうど契約したばかりのウィルスン・ピケットをメンフィスへ連れていき、スタックスのスタジオで録音させることにしました。

ウィルスン・ピケット

攻撃的な感情をぶつけるエキサイティングなソウル・ヴォーカルで、オーティスに次いで人気スターとなったウィルスン・ピケットは、アラバマに生まれデトロイトで育ちました。六二年にファルコンズのメンバーとして、〈アイ・ファウンド・ア・ラヴ〉をヒットさせて注目されます。六四年にソロ歌手としてアトランティックと契約しますが、最初の二枚のシングルはヒットせず、メンフィスへ出向きます。そして生まれたヒット曲が〈イン・ザ・ミドナイト・アワー〉です。

この曲は、アトランティックの色々な歌手が参加していたライヴ盤でピケットが最後に即興で歌っていた「……ミドナイト・アワー」という一節が印象に残っていたスティーヴ・クロッパーが、それをもとに作ったリフをピケットと二人で曲の形にしたものですが、どうもノリがいまひとつでした。そんなところへ突然ウェクスラーがスタジオの中にやってきて、「今ニュー・ヨークの若者たちがこんなリズムの踊りをしている」と言って、みんなの前で踊ったそうです。あのおじさんが、と想像すると滑稽だったと思いますが、その踊りがヒントとなりリズムのアクセントがちょっと変わったことによって、あの名曲ができあがったのですから、まさにウェクスラーのプロデューサーとしての影響力を教えてくれるエピソードのひとつです。

この後もピケットは七ヵ月のあいだに二回メンフィスに出かけてヒット曲を作りましたが、彼はどうも性格に問題があったらしく、スタックスのミュージシャンたちと

WILSON PICKETT
"The Definitive Soul Collection"

アトランティックと契約する前のファルコンズ時代の録音から、スタックスやマスル・ショールズで作った数々の傑作を収めたベスト。〈イン・ザ・ミドナイト・アワー〉のサウンドはソウルそのもの、〈ダンス天国〉の興奮ぶりを形容する言葉は知りません。当時無名だったドゥエイン・オールマンのギターがフィーチャーされた〈ヘイ・ジュード〉のカヴァーもしびれます！

Rhino, 2006

うまくいきませんでした。ピケットのメンフィス録音も終わると、それを機にアトランティックが外部アーティストの制作のためにスタックスのスタジオを利用する契約自体も打ち切られてしまいます。ただし、次に紹介するサム&デイヴだけはメンフィス産のサウンドが合っているという理由で、アトランティックと契約したまま、スタックスに預けることになりました。

サム&デイヴ

オーティス・レディング、ウィルスン・ピケットの後を追って、サザン・ソウルのスターとなったのが、男性デュオのサム&デイヴです。

サム・ムーアとデイヴ・プレイターの二人は、マイアミのクラブで歌っていたところを見出されて、六〇年にレコード・デビューしました。アトランティックと契約したのは六五年のことで、ウェクスラーにメンフィスに連れてこられて、スタックスからレコードを出すことになります。この二人はスタックスの歌手たちの中でも最もゴスペル色が強く、ゴスペルの「コール・アンド・レスポンス」につながるようなエキサイティングな掛け合いは、強烈なノリを作りあげました。あのオーティスが一緒にコンサートに出るのを嫌がったというほど、客を盛り上げたものです。

サム&デイヴにヒット曲を提供していたのが、アイザック・ヘイズとデイヴィッド・ポーターのコンビです。彼らはメンフィスに育ち、子供の頃からスタックスにたむろしていました。六四年頃にヘイズは、ブッカー・Tの紹介でオーティスのレコーディングに参加したのをきっかけに、スタックスでキーボード・プレイヤーとして働き始め、ポーターと一緒に曲を作り始めます。最初はパッとしなかったのですが、サム&デイヴがメンフィスにやってきた時にチャンスをもらい、大成功を収めることになります。

彼らが作った最初の大ヒット曲〈ホールド・オン、アイム・カミング〉は、タイトルのせいでセックスの歌と思われることもありますが、真相はちがいます。じつは二人で作曲しているときに、ポーターがトイレに立つと、せっかちなヘイズが急かしたのに対して、「ちょっと待って、今行くから（Hold On, I'm Coming)」と答えました。その途端、「これだ！」と閃いて五分で曲ができたという話です。

黒人の管理職、アル・ベル

さて、こうしてスタックスは好調にヒット曲を飛ばし続けていましたが、六五年の秋に初めての黒人管理職として、アル・ベルを全国営業部長に雇うことにしました。

このベルの起用は黒人管理職が一人いるべきだとジェリー・ウェクスラーが強く勧めたことも影響しているようです。ベルはたいへん話がうまくて人気があるＤＪだった人で、自分のレーベルも持っていて、それをスタックスが配給していました。

業界にコネも多く、精力的なやり手だったベルの登場によって、スタックスは新しい展開をみせていきます。それまでのスタックスには、南部の閉鎖的な社会から外に出て、全国的な規模でものを考えるという発想はあまり見られませんでした。ジム・ステュワートが地味な性格だったのに対して、ベルはカリズマに富んだリーダー格として皆に慕われ、ヒーロー的存在になります。ただし、ジムの姉のエステルはベルを好意的には見ていなくて、会社内での彼女の影響力はだんだんと薄れていきました。

マスル・ショールズのフェイム・スタジオ

スタックスのあったテネシー州のメンフィスと並び、南部ソウルの中心地となったもうひとつの街がアラバマ州のマスル・ショールズです。ここで、しばらくスタックスから離れて、マスル・ショールズが生んだミュージシャンたちとそのサウンドについて話しましょう。

マスル・ショールズの音楽シーンで中心となったのは、リック・ホールと彼のフェイム・スタジオですが、彼の前にまずトム・スタフォードという人の果たした役割を見逃すことはできません。マスル・ショールズというのはテネシー川を挟む四つの町からなる地方都市ですが、スタフォードはそのひとつ、フロレンスという町の事業家の息子でした。映画館の支配人をやっていた彼はビートニク的存在で、彼の周りには、当時まだ高校生だったダン・ペンやスプーナー・オールダム、ドニー・フリッツといった地元の音楽好きが集まっていました。

フロレンスには、五六年にジェイムズ・ジョイナーという人が作った音楽出版会社がすでにあったために、ソングライター志望の若者たちで溢れていました。その中の一人にリック・ホールがいたのです。

カントリー・ミュージックの世界では、多くの場合、歌手と同じくらいに楽曲および作曲者が重要視されます。ですから、作曲者を育てて売り込む音楽出版社は、カントリー界では音楽業界の他の分野より大きな影響力を持っています。ナッシュヴィルにはレコード会社よりも有名な出版社があるくらいで、田舎とはいえマスル・ショールズでもカントリー・ミュージックでやっていこうと思う人が出版社を始めるのは当然のことでしょう。

リックは地元のカントリー・グループで演奏していたミュージシャンでした。その頃のライヴァル・バンドに、のちにナッシュヴィルでカントリーの大プロデューサーになるビリー・シェリルがいて、やがて二人はコンビを組んで作詞作曲をするようになります。そして、自分たちの曲をナッシュヴィルの出版社に持ち込もうと考えていた時に、トム・スタフォードが「一緒に何かやらないか」と声をかけてきたのです。五九年に三人はフェイム・ミュージックという会社を立ち上げます。

彼らはスタフォードの父親が経営していたドラッグストアの二階にテープ・レコーダーを持ち込み、吸音のために壁に卵のカートンを貼ったという程度の、設備は貧しくても、とりあえずはスタジオと呼べるものを作りました。フェイムという名前は、フロレンス・アラバマ・ミュージック・エンタプライズの頭文字を取ったものです。当時はまだバーミングハムや隣のジョージア州の州都アトランタといった、もっと大きな都市にもスタジオがなかったので、リックたちが活動を始めると、アラバマ中から音楽好きの連中がやってきました。

リック・ホールという人は大変ひたむきで真面目な人だったようです。他の連中が田舎の人らしくのんびりとやっていたので、どうしても皆を引っ張っていく立場になり、独裁的にもなりがちでした。そのために人とぶつかることが多く、シェリルとも早々に別れて、結局スタフォードがリックを追い出すことになります。ただし、フェイムの名称はリックが受け継ぎ、六一年に自分のフェイム・スタジオを作ります。このスタジオでセッション・バンドとして働いたのが、ダン・ペンをはじめとする全員白人のグループでした。ペンはのちに、やはりセッション・マンとして働いていたスプーナー・オールダムとのコンビで、〈ダーク・エンド・オヴ・ザ・ストリート〉などサザン・ソウルの名曲の数々を作ることになります。

このダン・ペンという人がその後マスル・ショールズの音楽シーンの中心となっていきます。彼はアラバマ州の田舎の出身で、一〇代前半から作曲を始め、ローカル・バンドで活動し、数枚のレコードも出していました。彼はラジオでR＆Bを聞いて育ち、とくにレイ・チャールズとボビー・ブランドの洗礼を受け（ボビー・〝ブルー〟・ブランドならぬボビー・〝ブルー〟・ペンという芸名でしばらく活動したほどです）、すっかりR＆Bフリークになっていました。彼のヴォーカルは、どの白人歌手よりもソウルがある、とも評価されていたのですが、残念なことにそれが分かるようなレコードを当時は作っていません。この時代には、そこまで黒人っぽく聞こえるように歌う白人歌手のレコードを作る会社はなかったというわけです。

アーサー・アレクサンダー

フェイムのスタジオから最初に生まれたヒットが六一年のアーサー・アレクサンダーの〈ユー・ベター・ムーヴ・オン〉です。アレクサンダーは地元の歌手で、リッ

ARTHUR ALEXANDER
"The Greatest Arthur Alexander"

50年代終盤に初めてマスル・ショールズで録音した曲でヒットを飛ばしたアーサー・アレクサンダーは、ビートルズ、ストーンズ、そしてボブ・ディランの全員にカヴァーされた唯一の歌手だそうです。それにしても彼のカントリー寄りの渋いR＆Bは当時売りづらく、彼はだいぶ苦労したそうですが、次世代の多くのミュージシャンにインスピレイションを与えました。 Ace, 1989

ク・ホールと別れたトム・スタフォードが契約しているソングライターでした。ですが、ヒット間違いなしと思われるこの曲をアレクサンダーが書いたとき、レコード制作の技術面に疎かったスタフォードは、リックに助けを求めにいき、彼のスタジオで制作されることになりました。リックはできあがった作品を持ってナッシュヴィルのレコード会社を回りましたが、「黒すぎる」といわれてことごとく断わられてしまいます。最終的には、当時パット・ブーンなどで儲けていたドット・レコードからポップ・チャートでもそこそこのヒットになりました。

この曲はオリジナルよりも、六四年にローリング・ストーンズがカヴァーしたヴァージョンによって、世界的に知られるようになりましたが、アーサー・アレクサンダーのヒットで儲けたお金を使って、リックは翌六二年にナッシュヴィルの有名なRCAスタジオを模した立派なスタジオを作りました。

フェイム・レーベル

新しいスタジオを建てたものの、トム・スタフォードがアーサー・アレクサンダーの契約をドットに譲ってしまったので、リックは仕事に恵まれませんでした。そこへ、アトランタの音楽シーンの中心人物だったマネジャーのビル・ラワリーから、彼が手がけている歌手にフェイムでレコーディングをさせたいという申し出がありました。それからの数年間は、ラワリーがリックにとって一番の顧客になります。彼のセッションを通して、リックはプロデューサーの仕事を覚え、ダン・ペンやドニー・フリッツたちはレコードのB面に自分たちの曲を入れてもらって作曲家としての仕事を安定させていきました。このころのリックは、R&Bの制作をメインにやっていくことをまだ決めていなかったらしく、ダン・ペンが彼にボビー・ブランドのアルバム『トゥー・ステップス・フロム・ザ・ブルーズ』を聞かせて初めて、その路線が決まったという話です。

そのR&B制作のために興したフェイム・レーベルからの最初のヒットとなるのは、ジミー・ヒューズの〈スティール・アウェイ〉でした。アーサー・アレクサンダーのヒットを制作したばかりのリックが地元のゴスペル歌手だったヒューズを、世俗の歌を歌うように口説いて、六二年に録音したナンバーですが、レコード会社はどこも興味を示しませんでした。

そこでリックはビル・ラワリーの勧めにしたがって、六四年に自分のレーベルで発売することにして、とりあえず数千枚をプレスして各地の配給会社に配ります。この時彼は「商品は現金と引き換えにしろ、さもないとヒットしたおかげで倒産する羽目になるからな」と、ラワリーからアドバイスを受けています。リックとダンの二人は、レコードとウォッカをたくさん積んだステイション・ワゴンで各地を回ってレコードを届けました。地元のＤＪにウォッカを飲ませて、オン・エアしてもらったのです。その甲斐もあってしだいに南部で売れ始めると、今度はラワリーの仲介でシカゴのヴィー・ジェイ・レコードとの配給契約が成立し、全米でヒットとなります。

このヒットはフェイム・レーベル、そしてマスル・ショールズ・サウンドの基礎を作りましたが、そのバックを務めていたノーマン・パトナムらメンバーが、お金のことで揉めたために、フェイムを辞めてナッシュヴィルに行ってしまいます。その代わりとなったのがドラムのロジャー・ホーキンズ、ベースのデイヴィッド・フッド、ギターのジミー・ジョンスン、キーボードのスプーナー・オールダムという顔ぶれです。やはり全員が白人で、スタックスのミュージシャン同様に大学のフラターニティのパーティーなどで演奏していた若者たちでした。彼らはこれ以降マスル・ショールズから生まれるヒットのほとんど全部で伴奏を務めることになります。

パーシー・スレッジ〈男が女を愛する時〉

マスル・ショールズの名前を全米に知らしめたのが、パーシー・スレッジの傑作、〈男が女を愛する時〉です。この曲は、リック・ホールが発売に大きく関わってはい

PERCY SLEDGE
"It Tears Me Up: The Best Of Percy Sledge"

名曲〈男が女を愛する時〉から始まる23曲入りのベスト盤で、66～73年の曲を収録。パーシー・スレッジは決して器用な歌手ではなくて、アップ・テンポではリズム感がいまひとつですが、カントリーっぽいソウル・バラードを歌うと、じつに輝きます。マスル・ショールズならではの渋いバックで歌う〈ウォーム＆テンダー・ラヴ〉など、サザン・ソウルの象徴的なサウンドです。 Rhino, 1992

ましたが、じつは彼が制作したものでもフェイム・レーベルから発売されたものでもありません。

当時、地元で人気のあるＤＪにクイン・アイヴィーという人がいました。彼はＤＪ以外のことにも野望を持っていて、レコード店も経営していたし、リック・ホールの出版会社に自作の詞を預けてもいました。

当時、多くの田舎のスタジオは、ラジオのコマーシャルとか個人の録音（サム・フィリップスがエルヴィス・プレズリーと出会ったのもそれです）などのこまごまとした仕事なしには経営が成り立たなかったのですが、頑固でプライドが高いリックは、そうした仕事は引き受けず、純粋な音楽のレコーディングしか手がけませんでした。

それを見ていたアイヴィーが、リックに「俺がスタジオを作って、そういう仕事をしていいか」と聞くと、リックはどうぞどうぞと資金まで貸してくれました。また、アイヴィーは制作係にダン・ペンが欲しいとも頼みました。頑固者同士のリックとダン・ペンはよくぶつかっていましたが、とはいえやはりダンは必要だと考えたリックは、代わりにマーリン・グリーンというミュージシャン／エンジニアを推薦しました。

アイヴィーが作ったスタジオの設備は中古品を集めた貧しいもので、スタジオとは呼びがたいものだったそうですし、自分のスタジオ・バンドも持っていなかったので、リックが使っているリズム・セクションを貸してもらっていました。ところが、このスタジオからあの名曲〈男が女を愛する時〉が生まれるのです。

パーシー・スレッジは四一年にアラバマ州の田舎に生まれ、ラジオでカントリーを聞いて育ちました。二十一歳になるまで、世の中に黒人の歌手が存在することすら知らなかったともいわれています。当時は病院の職員として働きながら、エスクワイヤーズというグループで歌っていました。

ある日、アイヴィーのレコード店にパーシーがやってきたとき、たまたまお互いに共通の知人が来ていました。その知人がアイヴィーに「パーシーが歌えるの知ってる?」と言うので、「いや、今度聞かせてもらわなくちゃね」と答えたところから、「じゃあ後でスタジオに行きますから」ということになり、さっそくその日の午後にハモンド・オルガンまでピック・アップ・トラックに積んで、パーシーのバンドがやってきたのです。

その時に歌った曲がのちに〈男が女を愛する時〉になるのですが、それから何ヵ月もかけて歌詞を変えたり、メロディーを直したりして、ほとんど原曲のあとは残っていません。ミュージシャンも、パーシーのバンドからスプーナー・オールダム、ロジャー・ホーキンズ、マーリン・グリーンらに代わって、最終ヴァージョンが録音されました。あとからダビングした地元のホーン・プレイヤーの音程がずれていましたが、エンジニアを務めたジミー・ジョンスンに言わせると「パーシーの歌も同じくら

SOLOMON BURKE

"Home In Your Heart: The Best Of Solomon Burke"

バークはフィラデルフィア出身。9歳の時にはすでに教会でソロ歌手となっていて、"驚異の少年説教師"とも呼ばれていたといいます。ゴスペルっぽいソウル・シンガーのはしりでしたが、カントリー寄りの曲もあり、初期のストーンズにもかなり影響を与えました。晩年も作品を発表していましたが、彼の最盛期はここに収められている60年代の曲です。

Rhino, 1992

い音程が外れている」から、まあいいだろうということになります。

アイヴィーができあがったレコードをリック・ホールに聞かせると「これはいいね。どうするつもりだい？」とリックが言うので、アイヴィーは「アトランティックに送りたいんだ」と答えました。リックは、本当はたった一度電話で話したことがあるだけだったのに「ジェリー・ウェクスラーとは長いつきあいだから、俺にまかせろ」と言って、ウェクスラーに電話をかけ、「間違いなく一位になるレコードだ」と口説きます。

ウェクスラーは自分のところにレコードを送らせて、それを聞いてから電話をよこしてきました。「ねえ、本当に一位になると思う？」と聞くから、リックは「絶対だ！」と言い張りました。「わかった。アイヴィーに俺のところへ電話させてくれ。俺の方から君に一パーセントのキックバックをするし、アイヴィーからもさらに一パーセントをキックバックするように俺が言ってやるよ」という具合に事は運び、アトランティックからの発売にこぎつけたのです。

もうひとつ愉快な話があります。発売後のある日、ウェクスラーがアイヴィーに電話をかけてきました。「このレコードは素晴らしいけど、もっと良くなる。費用はアトランティックが持つから、もう一度吹き込み直してほしい」と言うのです。そこでアイヴィーは、スタックスのメンフィス・ホーンズをフィーチャーした新しいヴァー

SOLOMON BURKE
"Don't Give Up On Me"

このカムバック作はプロデュースがジョー・ヘンリー、作曲陣はボブ・ディラン、ヴァン・モリスン、エルヴィス・コステロ、トム・ウェイツ、ブライアン・ウィルスンといった一見意外な組み合わせですが、ソロモンはどの曲も見事に自分のものにして歌い上げます。年と共に渋く成長したニック・ロウの〈ジ・アザー・サイド・オヴ・ザ・コイン〉は特筆に値します。

Fat Possum, 2002

ジョンを作り、ニュー・ヨークに送りました。その録音もレコードとなって発売され、ヒット・チャートを上昇し始めたとき、再びウェクスラーから電話がかかってきました。「吹き込み直して良かっただろう」「ジェリー、レコードになったのは前のと同じやつだよ!」。アトランティックは間違って、音程の悪いホーンが入ったオリジナルのテイクを二度もレコードにしてしまったのです。

とにかく、ホーンの音程がずれていようがいまいが、〈男が女を愛する時〉は誰が聞いてもゾクゾクとさせられる大傑作です。もっともロマンティックなソウル・ナンバーのひとつでしょう。ロック・グループ、プロコル・ハルムの六七年のヒット〈青い影〉(ア・ワイター・シェイド・オヴ・ペイル)〉の原曲になったことでもよく知られています。

ウィルスン・ピケット、フェイム・スタジオへ

パーシー・スレッジのヒットと同じ頃に、メンフィスから追い出されたウィルスン・ピケットがフェイム・スタジオにやってきました。

メンフィスのスタックスは自社のミュージシャンを抱えている実績のあるレーベルですから、アトランティックのジェリー・ウェクスラーにしてみれば、自分の望むよ

うには動かない扱いづらい存在でした。いっぽう、リック・ホールのところは、レーベルはあってもまだ大した活動をしていませんから、メンフィスよりは仕事がしやすいだろうとウェクスラーは考えたのです。それでウェクスラーは「ピケットを連れていくから、一番良いミュージシャンを集めてくれ」とフェイムに連絡しました。フェイム側は有名なピケットが来るというので、みんな緊張していたようです。

生まれはアラバマですが、長いこと北部の都会暮らしに慣れていたピケットは、飛行機がマスル・ショールズの空港に降下するとき、黒人が農園で綿摘みをする姿を窓から見て、引き返したくなりました。そのうえ、空港へ迎えに来たリック・ホールを始めとするフェイムのスタッフが全員白人なのを知り、ピケットは「北へ帰りたい」とますます思ったそうです。それをリックが「ヒット・レコードを作ろうぜ」と説得したといいます。

というふうにピケットが南部に戸惑ったように、南部の側もジェリー・ウェクスラーに戸惑いました。とにかく田舎者でニュー・ヨークの人間に会ったこともない連中にとっては、ウェクスラーのレコード業界人然としたところと、そのユダヤ人独特のしゃべり方はとても珍しいものでした。典型的なユダヤ人のしゃべり方というのは、ちょっと鼻にかかって、ねちっこいものというふうに、欧米では描かれます。日本でいえば、ばりばりの大阪商人が東北の田舎に出かけた図を想像してもらえばいいで

ETTA JAMES
"The Definitive Collection"

エタ・ジェイムズは、50年代にデビューし、ハンク・バラードの〈ワーク・ウィズ・ミー・アニー〉へのアンサー・ソングをヒットさせました。このベスト盤にはその頃から、60年代～70年代半ばまで所属したチェス・レーベルの曲が収録されています。67年にマスル・ショールズのフェイム・スタジオで制作されたバラード〈アイド・ラザー・ゴー・ブラインド〉は最高！

Geffen, 2006

しょうか。こういったカルチャー・ギャップはあとで問題になっていきますが、とにかくピケットのフェイム録音からは〈ダンス天国〉という永遠の名作も生まれ、それから三年間はここで録音した曲の大ヒットが相次ぎます。

ソウルの女王、アリーサ・フランクリン

ピケットに次いで、アトランティックがマスル・ショールズに送り込んだシンガーが、「ソウルの女王」アリーサ・フランクリンです。

アリーサは四二年メンフィスの生まれですが、デトロイトに育ちました。父親のC・L・フランクリンは「百万ドルの声」と言われたほどの良い声を持った有名な牧師でした。彼は巡業すると一回四千ドルともいわれる高額なギャラをとるほどの人気者で、数十枚のレコードを発売していました。ボビー・ブランドのトレード・マークとなった痰を切るような独特の効果も、じつはフランクリン牧師のレコードから一生懸命真似たといわれます。

アリーサは父の教会で幼い頃からゴスペルを歌っていて、天才的に歌がうまいことは早くから認められていました。ポップに転身して成功したサム・クックに幼い頃から憧れていたアリーサは、彼と同じ道を選び、有名なプロデューサーのジョン・ハモ

ARETHA FRANKLIN
"Queen Of Soul: The Atlantic Recordings"

アトランティックに移籍した66年の時点ですでに長い芸歴のあったアリーサは、67年の第１弾シングルから一気に大スターへと昇りつめ、目まぐるしい勢いで信じがたいほどクオリティの高い作品を連発しました。その全体像を把握するための第一歩として、まずこの４枚組を教科書にしましょう。ビートルズもバカラックもありますが、すべてを自分のものにしています。 Rhino, 1992

ンドに認められて、コロンビア・レコードと契約します。しかし、ハモンドは最初の一枚くらいしかプロデュースしてくれません。その他のプロデューサーはアリーサの素質を理解せずに、スタンダードやミュージカルの曲などを歌わせたりしたので、コロンビアで作ったレコードの多くは中途半端なものでした。

六六年にアトランティックがかなりの金額でコロンビアから（ジョン・ハモンドの了解もあって）アリーサの契約を買います。ウィルスン・ピケットの仕上がりを気に入っていたウェクスラーは、アリーサもマスル・ショールズに連れていくことにしました。リック・ホールはアリーサについてほとんどなにも知らなかったのですが、R&Bフリークのダン・ペンはさすがにアリーサの実力を知っていて、「すごいのが来るから覚悟してろよ」と皆に言っていました。

実際にアリーサがスタジオへ来てピアノの前に座り、コードをひとつ弾いた途端に全員が瞬間的にその凄さを理解しました。ピアノを担当する予定だったスプーナー・オールダムは、自分はエレクトリック・ピアノとオルガンにまわるから彼女に弾かせてあげてくれ、と言いだすほどでした。

このセッションで生まれたのが、〈アイ・ネヴァ・ラヴド・ア・マン〉。ソウルの代名詞ともいえる決定的な名曲です。ぼくが初めて聞いたのは十五歳の時でしたが、イントロだけで鳥肌が立ち、歌声を聞いたら「ウォーッ」とびっくりしてしまって、す

ARETHA FRANKLIN
"Live At Fillmore West"

ロックの殿堂として知られたサン・フランシスコのフィルモア・ウェストに初出演した時の模様を収めた71年のライヴ。白人ロック・ファンの観客を相手にするのは大きな賭けでしたが、結果は大成功でした。S&G、スティーヴン・スティルズらの曲も取り上げ、アンコールにはレイ・チャールズが登場。バックはキング・カーティスのオール・スターのグループ。

Atlantic, 1971

ぐレコード店に走ったものです。ソウルの特集番組を作る時には必ずこの曲を入れます。そのシングル盤のB面がダン・ペンとチップス・モーマンの〈ドゥー・ライト・ウマン、ドゥー・ライト・マン〉で、これも名曲ですから、何回も何回もひっくり返しては聞いていました。

このセッションの途中でちょっとしたトラブルが発生します。アリーサに同行していた当時の夫でマネジャーだったテッド・ワイトが、そもそもミュージシャンが全員白人であることに憤慨していたところへ、ミュージシャンの一人がアリーサのお尻をつねるという事件が起こったらしく、アリーサとテッドが怒りました。ところがリック・ホールも頑固な男ですから、二人をなだめて丸く収めるようなことができず、本格的な喧嘩になってしまいました。

その時点では、まだA面のオーヴァー・ダビングが残っていたし、B面はベーシック・トラックを録っただけでしたが、翌日にアリーサはさっさとニュー・ヨークへ帰ってしまいました。しかし、〈アイ・ネヴァ・ラヴド・ア・マン〉のアセテイト盤を作ってDJに配ると反応が非常に良く、大ヒット間違いなしでしたから、急いでレコードを完成させる必要がありました。そこでジェリー・ウェクスラーはちょっとずるい手段を使いました。リック・ホールに「キング・カーティスのセッションをニュー・ヨークでやるから、ミュージシャンを貸してくれ」と頼み、そのカーティス

ARETHA FRANKLIN **"Rare & Unreleased Recordings From The Golden Reign Of The Queen Of Soul"**

未発表曲集というものはよほどのコレクターでなければ大きな魅力が見出せないものですが、アリーサが66年の暮れから74年までアトランティックに吹き込んだ多くのアルバムにどういうわけか含まれなかったこの35曲には無駄がありません。冒頭を飾る〈アイ・ネヴァ・ラヴド～〉のデモは鳥肌ものですし、これだけ質の高い音楽が長年倉庫に眠っていたとは信じられません。 Rhino/Atlantic, 2007

のセッションのあとでアリーサのレコーディングにちゃっかり彼らを使ったのです。大都会へ出てきてのぼせていたマスル・ショールズの田舎の兄ちゃんたちは、ほとんど夢見ごこちで仕事をしたらしいですが、話はすぐにリックのところへ伝わり、腹を立てたリックはすぐに彼らを呼び戻しました。

このような経緯があって、ウェクスラーはスタックスとも、マスル・ショールズとも喧嘩をしたわけです。スタックスのときはウィルスン・ピケットの人柄、マスル・ショールズではアリーサ・フランクリンのお尻がつねられた事件と、それぞれにきっかけはありましたが、結局のところは、やり手のニュー・ヨークの人間が南部の世界に入っていって、ニュー・ヨークと同じ感覚で仕事をしようとしたところに無理があったのだと思います。彼らのサウンドが欲しかったのは分かりますが、そのサウンドは、彼らがのんびりとした性格だからこそ生まれたものだったわけです。アトランティックの南部録音が成功したのも失敗したのも、北部と南部のカルチャー・ギャップがあったからでしょう。このあたりがソウルのストーリーのなかでも一番面白いところだとぼくは思います。ジェリー・ウェクスラーは間違いなく六〇年代のソウル・シーンの中心人物ではありますが、ソウルを成功させた男であると同時に駄目にした男でもあるかもしれません。

話をアリーサに戻すと、〈アイ・ネヴァ・ラヴド・ア・マン〉以降は大ヒットが相

ARETHA FRANKLIN
"Amazing Grace: The Complete Recordings"
72年にロス・アンジエルズのワッツにあるバプティスト教会で、聖歌隊をバックに行なったゴスペル・コンサートの２枚組ライヴ・アルバム。ソウル界のスターとなってもなおアリーサが素晴らしいゴスペル歌手であることを教えてくれた名作です。ここに収録されている〈ユーヴ・ゴット・ア・フレンド〉をドニー・ハサウェイのものと聴き比べると面白いかもしれません。
Rhino, 1999

次ぎ、翌六八年までには「ソウルの女王」という名声を揺るぎないものにします。あれだけ天才的に歌のうまい人ですから、なにを歌っても素晴らしい名演となりました。アリーサの手にかかれば、キャロル・キングの〈ナチュラル・ウマン〉やバート・バカラックの〈小さな願い（アイ・セイ・ア・リトル・プレイヤ）〉などのポップ・ソングも、見事なソウル・ナンバーに生まれ変わりました。彼女はオーティスの〈リスペクト〉をカヴァーして、ナンバー・ワンにしているのですが、オーティスが「いやあ、俺の曲じゃなくなったな」ともらしたほどです。

サザン・ソウルについてなにかを知りたいときはたいへん参考にしている本『SWEET SOUL MUSIC（『スウィート・ソウル・ミュージック』新井崇嗣訳、シンコーミュージック、二〇〇五年）』の著者ピーター・グラルニックは次のように書いています。「オーティスは男女の、夫婦の間のことを言っているだけだったのに、同じ歌詞を歌ってもアリーサの歌はもっと広がりを持ち、まるで全世界の人々に向かって、女性としての、黒人としての尊敬を求め、自由を主張しているようだ」（第十一章冒頭、著者訳）。そのあたりが彼女の解釈者としての能力の高さでしょう。とにかく、六〇年代いっぱいくらいまでのアリーサのレコードはどれもこれも素晴らしいのです。

KING CURTIS
"Live At Fillmore West"

アリーサのフィルモア・ライヴと同じ日に録音された名作（彼らがバック兼前座でした）。ドラムズのバーナード・パーディー、ギターのコーネル・デュプリー、オルガンのビリー・プレストンらのバンドの演奏が素晴らしく絶妙です。特に冒頭の〈メンフィス・ソウル・ステュー〉、カーティスのソプラノ・サックスをフィーチャーした〈ソウル・セレネイド〉に感激。

Atlantic, 1971

マーティン・ルーサー・キング牧師暗殺

六八年四月四日、メンフィスでマーティン・ルーサー・キング牧師が凶弾に倒れます。公民権運動の中心人物として黒人の地位向上に心血を注いできたキング牧師は、黒人と白人が協力しあってより良い社会を作っていけるのではないかという希望のシンボルでしたから、彼の死がアメリカ社会、特に黒人たちに与えた衝撃は計り知れないものがありました。

キング牧師の訃報が流れると、すぐに全米の各地で暴動が起こります。暗殺された当日の夜にボストンでコンサートを予定していたジェイムズ・ブラウンが、急遽テレビ中継を頼まれ、ステージからＴＶを通して地元の人たちに「皆さん今日は家に戻りなさい。街に出て暴動を起こさないでください」とアピールしたというのは、よく知られたエピソードです。

とりわけ事件が起きたメンフィスにあるスタックスでは、その衝撃はダイレクトなものでした。暗殺の日にスタジオからＭＧズのスティーヴ・クロッパーとダック・ダンの白人組が帰る時には、他の黒人ミュージシャンが車までガードしてやらねばなりませんでしたし、その翌日にダック・ダンがベースをとりにスタジオへやってきたときに、アイザック・ヘイズと立ち話をしていたら、警官が銃を持って飛んできて「おい、何やっているんだ」などと注意されて、情けなくなってしまったそうです。スタックスではそれまで不思議なくらい黒人と白人が協力しあって仲良く仕事を続けてきたのですが、この事件以来、黒人と白人の間の信頼関係にすきま風が吹き始めたのでした。

同じ六八年にマイアミでは、「NATRA」というR&B界の放送関係者のコンヴェンションが開かれました。十三回目を迎えたこのコンヴェンションでは、ジェリー・ウェクスラーやオーティスのマネジャーのフィル・ウォールデンなど、ほんの数人を除けば参加者の多くは黒人でした。六八年といえば、ブラック・パンサー党をはじめ黒人の（武力を辞さない）闘争を訴える勢力が強くなってきていた頃ですが、このコンヴェンションでもニュー・ヨークから来ていた過激派の小団体が、白人の関係者に暴行を働くというスキャンダラスな事件が起こりました。

この事件は、黒人と白人が協力して作りあげてきたソウル・ミュージックが抱えていた矛盾を露わにしました。ソウル・ミュージックが発展していくうえでは、白人の経営者たちの貢献が大きかったとはいえ、黒人たちは自分たちに充分な「分け前」がないことにじつは潜在的な不満を覚えていたという背景もあります。この事件を境に、それまでと同じようには黒人と白人が協力するという姿勢を保つことができなくなってしまいました。フィル・ウォールデンは大きなショックを受けてソウルから手を引

ALBERT KING
"Born Under A Bad Sign"

50年代から活動していたアルバート・キングはひょんな出会いから66年にスタックスと契約、ブッカー・T＆ジ・MGズをバックにファンキーなソウルのノリに支えられたブルーズを作り始めました。これは当時画期的なサウンドで、このアルバムのタイトル曲はクリームにカヴァーされましたし、後にスティーヴィ・レイ・ヴォーンはアルバートに多大な影響を受けます。

Stax, 1967

き、オールマン・ブラザーズ・バンド等の白人のサザン・ロックを手がけるようになりましたし、アトランティックはこのあとクロズビー、スティルズ&ナッシュやレッド・ゼペリンの成功などを皮切りに、やはりロックに力を入れていくことになります。

新生スタックス

こういった時代状況の変化のなかで、スタックスも大きな転機を迎えます。

まずはなんといっても、トップ・スターだったオーティスの死が大打撃でしたが、ちょうどその頃、ワーナー・ブラザーズ・レコードに買収されることが決まったばかりだったアトランティックとスタックスの配給契約の期限切れが迫っていました。

じつはスタックスは、アトランティックと最初に配給契約を結んだ時に、原盤を永久的にアトランティックに譲ってしまっていました。これは契約書に明記してあったことですが、ジム・ステュワートにはそれが分かっていませんでした。このあたりに、同じインディーズ同士とはいえ、格の差というかビジネス能力の差が出ています。どうやらこれは弁護士が勝手に書き込んだ条件で、ジェリー・ウェクスラーも気づいていなかったようですが、ウェクスラーは、オーティスが死んだ直後に、ジム・ステュワートに「じつはスタックスの原盤は全部アトランティックの持ち物である」と伝え

RUFUS THOMAS
"Very Best Of Rufus Thomas"

メンフィスのラジオ局ＷＤＩＡで40年代からＤＪをしていたルーファス・トマスは50年代前半に〈ハウンド・ドッグ〉のアンサー・ソングとして〈ベア・キャット〉をサン・レコードから出しました。〈ドゥー・ザ・ドッグ〉をはじめ、犬、鶏、ペンギンなど動物にちなんだ様々なダンスのノヴェルティ・ソングを得意としたファンキーおやじです。
Universal, 2007

ることによってショックを与えてしまったわけです。

ウェクスラーはスタックスをまるごと買収しようとしましたが、彼の読みは外れました。頑固なジム・スチュワートはアトランティックの申し入れをつっぱねて、配給契約が切れるまで待ちます。そして契約切れの当日、姉のエステル・アクストンをニュー・ヨークに派遣してアトランティックとの契約を切り、同時にスチュワートとアル・ベルがロス・アンジェレスに出かけて、石油会社ガルフ＆ウェスタン傘下のパラマウント・レコードに身売りしたのです。これで完全にアトランティックと別れることになりましたが、その際にアトランティックはスタックスに預けていたサム＆デイヴを引き上げてしまいます。スタックスは自社の歌手という感覚でいたので、これまたショックでした。

これが六八年のことで、これ以降のスタックスは実質的にアル・ベルの経営によって新しい路線を歩むことになります。

新生スタックスは音楽的にも大きな変化を迎えます。

まず翌六九年にＭＧズが解散。これはブッカー・Ｔがロス・アンジェレスから実入りの良い仕事に誘われたためです。他のメンバーはカントリー・ボイなのでメンフィスを離れることに気が進まなかったため、ブッカー・Ｔは一人だけでＬＡに移住してしまいます。

JOHNNIE TAYLOR
"The Very Best Of Johnnie Taylor"

ジョニー・テイラーはサム・クックの後任としてソウル・スターラーズのリード歌手を務めた後、クックのサー・レコードと契約しました。65年にスタックスと契約、当初はブルージーな歌手でしたが、68年にドン・デイヴィスと組んだ大ヒット〈フーズ・メイキン・ラヴ〉をきっかけに南部的なファンキーさを持つダンス・ナンバーでスタックスの看板歌手となりました。
Stax, 2007

さらに、ドン・デイヴィスというプロデューサーがデトロイトからやって来て、新生スタックスの看板シンガーとなったジョニー・テイラーを手がけて、ヒット曲を連発させます。ドン・デイヴィスはデトロイトで仕事をしていただけあり、モータウンの持ち味に近い都会的なサウンドを作る人でした。だからこそ、ジョニー・テイラーは全国的なヒットを出すことができたわけですが、それまでのスタックス・サウンドから、カントリー的な部分というか、いわゆるいなたさがなくなってしまいました。

ほかにもステイプル・シンガーズやドラマティックス、ソウル・チルドレンらがヒットを出しますが、ＭＧズがいなくなったせいか、マスル・ショールズ録音のヒット曲が増えます。また、アイザック・ヘイズが裏方から歌手に転身して成功を収めます。

スタックスの倒産

新生スタックスはヒット曲を連発して、好調なスタートを切りました。そこで、二年後にポリドールに国際配給権を渡すことを条件に資金を借りて、ガルフ&ウェスタンから会社を買い戻します。その頃、ブラック・ミュージックに力を入れようとしていたコロンビア・レコードの社長クライヴ・デイヴィスとアル・ベルが親しくなり、

THE STAPLE SINGERS **"The Ultimate Staple Singers: A Family Affair 1955–1964"**

ミシシッピー州の伝説のブルーズマンと共に育ったポップス・ステイプルズの心に響く歌とエコーがかったギター、そして7歳からベース・ヴォーカルを担当した娘メイヴィスを中心に、50年代から80年代まで活動した家族のゴスペル・グループです。純然たるゴスペルから、60年代の公民権運動時代のプロテスト・ソング、そして70年代の傑作メッセージ・ソウルまでを網羅。 Kent Records, 2004

七二年にスタックスはアメリカ国内ではコロンビアと配給契約を結びます。

　この契約、デイヴィスとベルの口約束の段階では、スタックスにとってとても良い条件になっていました。ところが、デイヴィスが七三年に解任されると、契約が見直されて、スタックスが見込んでいた収入が大幅に減ってしまいます。そこで財布のひもを締めればよかったのに、アル・ベルという人は経営者としてあまり堅実な人ではなく、さらに借金が増えて財政的に行き詰まり、七五年に遂に倒産してしまうのです。

　ぼくが面白いと思うのは、ジョニー・テイラーのアトランティック配給時代のものと新生スタックスのものとを比べるとよく分かりますが、スタックスが黒人経営になってから、かえってブルージーな雰囲気がなくなったということです。

　このことに関連して思い出すのは、音楽に芸術音楽と大衆音楽の二種類があるとすると、白人と黒人とでは考え方がまるで逆だという意見です。一般論として白人は芸術音楽を崇拝し大衆音楽を軽蔑するが、黒人はどちらかというとその反対で、大衆音楽こそ尊敬すべきものだとします。俗語で「ウイアード・シット」などともよく言うのですが、こむずかしいジャズなどは、「なんだか訳の分かんないことやってるよ」という感じで受け止められたりもします。

　ちなみに言わせていただくと、ぼく自身は芸術音楽と呼ばれるものにも大衆音楽と呼ばれるものにも好きな音楽がたくさんあるし、区別する必要もあまり認めていませ

ISAAC HAYES
"The Very Best Of Isaac Hayes"
スタックスの初期から活動していたアイザック・ヘイズは、マーヴィン・ゲイと共にソウルをアルバム単位で聴く音楽に変えた大きな功績を残しました。〈フェニックスへの道〉と〈ウォーク・オン・バイ〉は、69年の『ホット・バタード・ソウル』では10分を超える大作でしたが、このベスト盤では〈シャフトのテーマ〉などと一緒に編集された短いヴァージョンで登場します。
Stax, 2007

ん。ただ、ものを作る人が、自分が芸術家であることを意識することは、あまり望ましくないとは思います。この本でも、歌手やミュージシャンのことを「アーティスト」と書かないことにしています。なにが芸術なのかは、人それぞれが決めればよいことではないでしょうか。

結局、アメリカ社会全体もそうですが、たぶん、とくに黒人にとって一番の目標はお金持ちになることでした。それは、ある意味では公民権運動の裏面でもあるでしょう。虐げられてきた過去から逃れて、市民としての権利を得たいという願いは、ひとつには選挙権などで平等に扱って欲しいということですが、その望みを一番てっとり早く叶えるのは金銭的な成功ですから、もうひとつは金持ちになりたいということでしょう。そういうことを考えていくと、スタックスのアル・ベルとモータウンのベリー・ゴーディは意外に近い存在だったかも知れません。

ジム・ステュワートがスタックスを始めた頃は、レーベルの全国展開は考えていませんでした。白人の目から見れば黒人音楽は黒人が買うものだし、地元の南部で売れればいいと思っていました。それをベルが全国的に推し進めていったわけですが、これは黒人が市民権を得ていくことと時代的に並行して進んでいったことでした。

そして、この市民権を得ることによってソウル・ミュージックは消え去ってしまった、もしくは変質してしまったと言えると思います。このことはもっと普遍的なレ

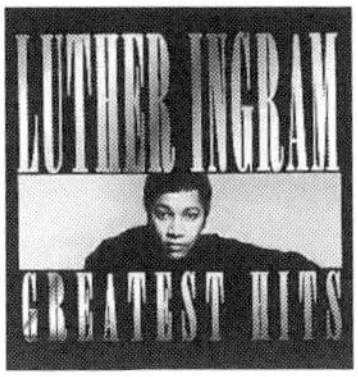

LUTHER INGRAM
"Greatest Hits"

ルーサー・イングラムはテネシー州ジャクスン出身で、バプティスト教会の合唱隊でゴスペルを歌って育ちました。72年にスタックス配給のココ原盤で、名作バラード〈イフ・ラヴィング・ユー・イズ・ロング〉を大ヒットさせます。究極の不倫ソングといえるこの曲は他の色々な歌手も歌っていますが、このヴァージョンはやはり群を抜いています。

Stax, 1996

ヴェルの話、人間が望むものを手に入れるためには何か別の大事なものを失わなければならないという話にもつながっていきますが、それをもっともよく表わしているのがソウル・ミュージックの歴史ではないでしょうか。

カントリー・ミュージックからの影響

南部のソウル・ミュージックを語るときに忘れてはならないのが、カントリー・ミュージックからの影響です。一般に白人のカントリー・ミュージックというと、閉鎖的な南部の田舎の白人社会が生み育てたもので、黒人の文化とは縁遠いと考える人が多いようです。しかし、じつはカントリーの中には黒人音楽からの影響が多く含まれてもいるのです。

たとえば、カントリー・ミュージックの基礎を築いた偉大な歌手に、二〇年代後半から四〇年代にかけて活動したジミー・ロジャーズとカーター・ファミリーがいますが、どちらもブルーズからの影響をとても強く受けています。

ロジャーズは「ブルー・ヨーデル」と呼ばれる独特のヨーデル唱法でも有名でした。その影響力は大きく、ブルーズ・シンガーのハウリン・ウルフの「ハウル」はロジャーズのヨーデルを真似たがうまくいかず、たんに吠えるだけになったもの、と

CANDI STATON
"The Best Of Candi Staton"

サザン・ソウルを白人が歌えばカントリーになるとよくいわれますが、ここでのキャンディ・ステイトンはカントリー界の大物タミー・ワイネットのヒット曲〈スタンド・バイ・ユア・マン〉を見事なゴスペル・ソウルで歌い上げます。録音がマスル・ショールズのフェイム・スタジオで行なわれたこの曲や〈イン・ザ・ゲットー〉はグラミー賞にもノミネイトされました。
EMI, 2004

いった例もあるぐらいです。

カーター・ファミリーのギターの名手メイベルの場合も、そのギター・スタイルにはブルーズの影響が色濃く、彼女のスタイルがまたそれ以降のカントリー系のギター奏者や、さらには黒人ブルーズのギター奏者にも影響を与えています。

さらには四〇年代に活躍したカントリーの代名詞ともいうべきハンク・ウィリアムズも、ブルーズの影響を受けていて、歌い方は鼻にかかったカントリーのものですが、強烈な感情移入という面から見たらソウル・シンガーとなんら変わるところはありません。

こんどは黒人音楽の側から見てみましょう。

ブルーズ・シンガーは、食べていくために白人のピクニックなどでエンターテイナーを務めました。そんなときには白人のフォーク・ソングを歌うこともあったわけですが、そういった機会を通じて白人の歌に少し言葉を付け足して黒人が歌う、それをまた白人が覚えて、また少し変えたりして歌う、そんなことを続けているあいだに、もともとは誰が作ったのか、どちらの文化から出てきたのかがはっきり分からなくなった曲がたくさん生まれました。このような黒人と白人が互いに共有する民謡のことを「コモン・ストック」と呼びます。

また、ゴスペルもヨーロッパの賛美歌から発展したものですから、ゴスペルとカントリーはしばしばハーモニーや曲の構造が似ています。

といった具合に南部の黒人音楽と白人音楽は相互に影響を与えあってきたのです。

もうひとつ、これは意外と気がつかないことだと思いますが、三〇年代にはラジオが普及していたといっても、ブラック・ミュージックを専門に放送したのはメンフィスのＷＤＩＡというラジオ局が最初で、第二次世界大戦が終わってからのことです。それまではブラック・ミュージック専門のラジオ局はありません。つまり、南部でラジオから聞こえてくる音楽は、カントリー・ミュージックだけだったのです。だから、パーシー・スレッジのようにカントリーばかり聞いていた黒人や、リズム＆ブルーズを知らずに育った黒人がけっこういました。

また、カントリー・ミュージックは南部の「プア・ワイト（貧乏な白人）」の音楽ですが、シェアクロッパーと呼ばれる貧しい農民たちは、白人でも黒人でも土地代を払って農業をやっていることには変わりなく、つまり白人も黒人もどちらも同じように貧しい生活でしたから、歌われている内容にどちらも共感するのは、ごく当然のことです。

カントリーから受け継いだストーリー性

南部の人びとが特にカントリー・ミュージックを好きな理由は、歌に「ストーリー」があるからだと言います。最初はカントリーのファンではなかったぼくも、ストーリーの面白さをきっかけに耳を傾けるようになりました。

タイトルだけでも面白いのがたくさんあります。たとえば、ジェリー・リー・ルイスなどが歌っている〈シー・イーヴン・ウォーク・ミー・アップ・トゥ・セイ・グッドバイ She Even Woke Me Up To Say Goodbye〉。俺のもとを去っていく時ですらわざわざ俺を起こしやがってという、要するに思いやりのない女のことを歌っているのですが、こんな言い方をするわけです。けっして都会的な洗練された言い方ではなく、素朴でユーモラスな表現です。

前にふれたように、南部ソウルの名曲には白人が書いたものが多くあります。ダン・ペン、スプーナー・オールダム、チップス・モーマンらが代表的なソングライターですが、彼らは黒人音楽を聞きまくっていたとはいえ、もともとはカントリーの世界で育っていますから、自分たちが意識していなくても血の中にカントリー・ミュージックが流れています。表現の仕方をカントリーの伝統から受け継いでいるのです。

彼らが作ったソウルの名曲は、白人が歌うとカントリーの曲になってしまう、と昔からよく思っていました。たとえばペンとモーマンが作ったソウルの名曲中の名曲と評価されている〈ダーク・エンド・オヴ・ザ・ストリート〉。これは、人に知られてはいけない男女の恋、だから暗い場所で会おう、という歌で、まさにカントリーでよく歌われるタイプのストーリーを持つ曲です。

カントリーとゴスペルの融合から生まれた南部ソウル

ソウルとカントリーが音楽面ですべてに共通しているわけではありませんが、南部のソウルの第一の特徴が、白人のカントリー・ミュージックと黒人のゴスペルの融合にあることは誰もが認めていることでしょう。その理由として、南部では黒人と白人に共通して宗教が生活に及ぼす影響力が大きいことは見逃せません。カントリーもゴスペルも、その宗教の影響を反映した音楽です。

〈ダーク・エンド・オヴ・ザ・ストリート〉のように浮気や不倫の歌、酒に溺れる歌が多いので、カントリーは罪悪感の音楽だともよく言われますが、それは深い信仰心の裏返しでもあります。いっぽう、ゴスペルは神を讃えることによって現実の人生の苦悩から解放されようとするものですが、どちらにも人生は罪深いものだという認識が共通しています。

そして、カントリー・ミュージックは、そういった複雑な感情を直接的に歌うので

DORIS DUKE

"I'm A Loser: The Swamp Dogg Sessions And More"

知る人ぞ知る歌手ですが、ドリス・デュークの〈アイム・ア・ルーザー〉を南部ソウルの傑作だと思うマニアはかなりいます。歌手でもあったソングライターのスワンプ・ドッグことジェリー・ウィリアムズがプロデュースし、名曲〈トゥ・ジ・アザー・ウマン〉が売れ始めたところでレーベルが倒産してしまい、ドリスは二度と勢いを取り戻せませんでした。

Kent, 2005

はなく、とても抑制して表現します。ブルーズも感情を抑制して表す音楽ですから、つまり白人にとってのカントリーは、黒人のブルーズと同じ存在だとも言えるのです。苦しみを前面に出すのではなく、常にコントロールしながら表現する。カントリーのそういったところと、それとはむしろ正反対の一〇〇%フルに感情を解放するゴスペルとがミックスされて、表現力豊かな南部ソウルが生まれたわけです。

ハイ・レコード

スタックス以外にメンフィスで注目すべき活動をしたレーベルが、ハイとゴールドワックスです。

ハイ・レコードはスタックスよりも古く、五〇年代前半にサム・フィリップスの成功を追って、地元のレコード配給会社のビル・クオーギ（発音がもし違っていたらかんべんしてください）が設立したレーベル。この設立に関係した一人に、四〇年代にマスル・ショールズでカントリー・ミュージシャンとして活動していたクイントン・クロウンチがいて、この人が後にゴールドワックスを作ります。

ハイが初めてヒットを出したのは五九年のことで、ずいぶん時間がかかったのですが、その頃にはクロウンチはもうハイを辞めていました。この最初のヒットというの

ANN PEEBLES

"The Best Of Ann Peebles: The Hi Records Years"

説教師の娘に生まれ、8歳から父の合唱隊で歌い始めたアン・ピーブルズは、ウィリー・ミッチェルに見出されて70年にハイからデビューしました。夫のドン・ブライアントと書いた73年の〈アイ・キャント・スタンド・ザ・レイン〉が大ヒットして広く知られるようになります。彼女は精神的なタフさを感じさせてくれる人で、そのストイックなところがぼくは好きです。

The Right Stuff, 1996

は、エルヴィス・プレズリーのベース奏者だったビル・ブラックのグループ、ビル・ブラック・コンボが吹き込んだインストルメンタル曲の〈スモーキー〉です。これをきっかけに、メンフィス・インストルメンタルというジャンル（？）が生まれて、この街のグループはインストルメンタルばかり作るようになります。

この伝統はスタックスの初期に在籍したマー・キーズの〈ラスト・ナイト〉やブッカー・T&ジ・MGズの〈グリーン・オニオンズ〉あたりまで続きます。そんなメンフィスのインストルメンタル・バンドのひとつがウィリー・ミッチェル・コンボです。五〇年代半ばから地元で自分のコンボでの活動とプロデューサーの仕事をしていたウィリー・ミッチェルは、六一年にハイ・レコードに加わりました。最終的にはハイの経営者となる彼と、歌手アル・グリーンとの出会いがメンフィスにまた新しい時代をもたらします。

アル・グリーン

アル・グリーンがハイからデビューした六九年はサザン・ソウルにとって転機の時期でした。そんな時にアルは誰も聞いたことのない独特のスタイルで、このうえなくロマンティックなソウルを歌い、人気を博します。

彼の唱法はウィリー・ミッチェルのアイディアに負うところが大きいものです。子供の時からゴスペルを歌って育ったアル・グリーン自身は、もっと雄々しく歌いたかったようですが、ウィリーは彼にあくまでもソフトに歌わせようとしました。そして、そのバックのサウンドもスタックスとはまた違って、ドラムズは同じMGズのアル・ジャクスンですが、もっと抑えたノリで、ホーンの使い方もミュートしたような独特のものができあがりました。そのハイ・サウンドに乗って歌うアル・グリーンの歌は聞き手を包み込むようで、洗練された絶妙な節回しに加え、感情表現も巧みです。歌の内容は純粋な愛の歌ばかりで、この上なくロマンティックな空気を醸し出します。ぼくは友人の結婚パーティーの選曲を頼まれた時に、最後をアル・グリーンの〈レッツ・ステイ・トゥギャザー〉で締めくくったことがあります。

その〈レッツ・ステイ・トゥギャザー〉が七一年に全米ナンバー・ワンになってから、七〇年代前半のアルは高い水準のレコードを出し続けます。ヒット曲も相次ぎ、七〇年代に入ってから最も成功したソウル・シンガーの一人になりました。ところが、そんな成功の日々を送っていた七四年に、ある女性とのいざこざがあり、グリーンは沸騰している「グリッツ」（南部の黒人が食べる「ソウル・フード」の一種で、トウモロコシのお粥といったもの）を顔にかけられて大火傷を負ってしまいます。それをきっかけにそれまでの罪深い生活を悔い改めたアルは、七六年のアルバム『ベル』を最後にゴスペ

AL GREEN

"The Definitive Greatest Hits"

71年の〈タイアード・オヴ・ビーイング・アローン〉から77年の〈ベル〉まで、スタックスとは違った別のメンフィス・ソウルを確立したアル・グリーン。プロデューサー／アレンジャーのウィリー・ミッチェルが作り上げた最高にロマンティックなサウンド、そして本人のセクシーな歌い方と美しくシンプルなラヴ・ソングは黄金のコラボレーションでした。

Capitol/EMI, 2007

ル・シンガーに転向し、自分の教会まで持つ牧師になってしまいました。近年は久々に世俗的な歌を歌うようになっていて、七〇年代の黄金期には及ばないとはいえ、かなりいいアルバムを作っています。

アル・グリーンとのコンビで成功を収めたウィリー・ミッチェルは、七〇年にハイの副社長になります。じつは、ここでまたもや登場のジェリー・ウェクスラーが彼の才能を見てとって、アトランティックに引き抜こうとしていたのを防ぐために、社長のビル・クオーギが講じた対策だったようです。その数ヵ月後のクオーギの急死によって経営者となったミッチェルは、アル・グリーンの他にも独特のハイ・サウンドでアン・ピーブルズやオーティス・クレイ、O・V・ライトらの素晴らしい作品を手がけて、ソウル・シーンのみならず、ロック・シーンにも大きな影響を与えました。

ゴールドワックスとジェイムズ・カー

ゴールドワックスは、先ほど触れたハイの創設者の一人、クイントン・クロウンチが、ルドルフ・ラッセルという薬屋さんにお金を出してもらって二人で作ったレーベルです。ハイを辞めてからのクロウンチは、友達だったリック・ホールから一緒にやろうとずっと誘われていたのですが、家族を養うためにセールズマンの仕事について

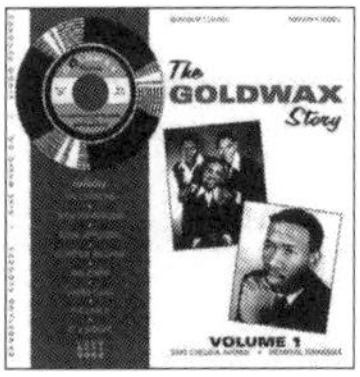

V.A.

"The Goldwax Story, Vol. 1"

ジェイムズ・カー、スペンサー・ウイギンズ、オヴェイションズといった代表選手に、パーシー・マイレムやジョージ・グリアーといったゴールドワックス・レーベルのアーティストの代表的な作品を集めたコンピレイションCD。スタックスに比べたら地味な存在ですが、いかにも60年代のメンフィス・サウンドという南部ソウルが楽しめます。

Kent, 2001

いました。やがて、スタックスやフェイムがヒットを出し始めたのを見て、自分にもチャンスがあると、六四年に会社の設立に踏み切ったのです。彼もカントリー・ミュージックの経験しかなかったのですが、黒人音楽が好きになって、スタックスやフェイムのやり方を意識して、同じようなことをやりたいと思っていました。しかし、問題はメンフィスの主なタレントは全員スタックスが押えていたことでした。そこに、ルーズヴェルト・ジェイミソンという男が現われます。

ルーズヴェルト・ジェイミソンは歌手を志したこともありましたが、歌があまりうまくなく、人の才能を発見するほうに秀でていたために、ゴスペル・グループのマネージメントやタレント・スカウトをやっていました。このジェイミソンがクロウンチに、ジェイムズ・カーとO・V・ライトという二人の歌手のデモ・テープを聞かせたところ、クロウンチはその場で「これはいける！　契約しよう！」となりました。しかし、O・V・ライトはゴスペル・グループのメンバーとして別のレコード会社と契約していることが分かり、せっかく作ったレコードも出せなくなります。

そこで、無事にレコードを出すことのできたジェイムズ・カーが、ゴールドワックスに初のヒットをもたらしました。六〇年代当時、無知だったぼくはカーのことを知らず、日本に来て初めて名前を知ったのですが、「通」のソウル・ファンの間ではもっとも偉大な南部ソウル歌手として高く評価されている人です。

JAMES CARR
"The Complete Goldwax Singles"

オーティス・レディングと並ぶメンフィス・ソウルの最高峰として高く評価されているジェイムズ・カーは鬱病のために安定した活動ができず、大スターにはなれなかったのですが、彼のデビュー作〈ユー・ゴット・マイ・マインド・メスト・アップ〉など、歴史的な録音がここで聴けます。彼は2001年に肺ガンのため、58歳で亡くなりました。

Kent, 2001

彼はゴスペル・スタイルとカントリー・スタイルをもっともうまく混ぜあわせた歌手です。ちょっとラフでいなたいところに魅力があります。彼の代表作に、〈ボアリング・ウォーター・オン・ア・ドラウニング・マン〉という曲がありますが、「溺れかけている男に水をかけるようなことをするね、君は」という歌詞の展開は、カントリー的な発想の見事な一例と言っていいでしょう。

ジェイムズ・カーは素晴らしい歌手でしたが、人柄が素朴で、レコードがヒットして有名になった時に、富と名声を自分でうまく処理できるタイプの人ではありませんでした。そのため精神的に不安定になり、歌手としてやっていけなくなりました。再起をかけて七九年に日本に来たことがありますが、そのとき何年も歌っていなかった彼のステージは、ボロボロでひどいものだったようです。

ジェイムズ・カーに代わる存在も現われず、ラッセルとクロウンチも仲違いして、ゴールドワックスは六九年に会社をたたみます。カー以外の注目すべきシンガーには、こちらはもう少しウィルスン・ピケットっぽい迫力のあるスペンサー・ウィギンズ、そしてサム・クックそっくりのリード歌手、ルイス・ウィリアムズを擁したオヴェイションズなどがいました。

THE OVATIONS
"Goldwax Recordings"

ヴォーカル・トリオのオヴェイションズは、大きなヒット曲はありませんが、リード・ヴォーカルのルイス・ウィリアムズの声が不思議なほどサム・クックに似ていることでマニアの間で有名です。ポップ・ソングの天才だったサムほどの曲がないので、一般的な知名度はありませんでしたが、やはりルイスの声も素晴らしく、十分に聞き応えがあります。

Kent, 2005

PLAYLIST

1	**These Arms Of Mine** ディーズ・アームズ・オヴ・マイン	Otis Redding オーティス・レディング
2	**Mr. Pitiful** ミスター・ピティフル	Otis Redding オーティス・レディング
3	**My Girl** マイ・ガール	Otis Redding オーティス・レディング
4	**I've Been Loving You Too Long** アイヴ・ビーン・ラヴィング・ユー・トゥー・ロング（愛しすぎて）	Otis Redding オーティス・レディング
5	**Try A Little Tenderness** トライ・ア・リトル・テンダネス	Otis Redding オーティス・レディング
6	**(Sittin' On) The Dock Of The Bay** ザ・ドック・オヴ・ザ・ベイ	Otis Redding オーティス・レディング
7	**In The Midnight Hour** イン・ザ・ミドナイト・アワー	Wilson Pickett ウィルスン・ピケット
8	**Land Of 1000 Dances** ランド・オヴ・ア・サウザンド・ダンシズ（ダンス天国）	Wilson Pickett ウィルスン・ピケット
9	**Mustang Sally** ムスタング・サリー	Wilson Pickett ウィルスン・ピケット
10	**Hey Jude** ヘイ・ジュード	Wilson Pickett ウィルスン・ピケット
11	**You Don't Know Like I Know** ユー・ドント・ノウ・ライク・アイ・ノウ	Sam & Dave サム＆デイヴ
12	**Hold On, I'm Comin'** ホールド・オン、アイム・カミン	Sam & Dave サム＆デイヴ
13	**Soul Man** ソウル・マン	Sam & Dave サム＆デイヴ
14	**Soothe Me** スーズ・ミー	Sam & Dave サム＆デイヴ
15	**You Better Move On** ユー・ベター・ムーヴ・オン	Arthur Alexander アーサー・アレクサンダー
16	**You Don't Miss Your Water** ユー・ドント・ミス・ユア・ウォーター	William Bell ウィリアム・ベル

17	**Walkin' The Dog** ウォーキン・ザ・ドッグ	Rufus Thomas ルーファス・トマス
18	**If You Need Me** イフ・ユー・ニード・ミー	Solomon Burke ソロモン・バーク
19	**That's How Strong My Love Is** ザッツ・ハウ・ストロング・マイ・ラヴ・イズ（この強き愛）	O.V. Wright O.V.ライト
20	**Green Onions** グリーン・オニオンズ	Booker T & The MG's ブッカー・T & ジ・MGズ
21	**Hip-Hug-Her** ヒップ・ハグ・ハー	Booker T & The MG's ブッカー・T & ジ・MGズ
22	**Time Is Tight** タイム・イズ・タイト	Booker T & The MG's ブッカー・T & ジ・MGズ
23	**B-A-B-Y** ビー・アイ・ビー・ワイ	Carla Thomas カーラ・トマス
24	**Born Under A Bad Sign** ボーン・アンダー・ア・バッド・サイン（悪い星の下に）	Albert King アルバート・キング
25	**I Never Loved A Man (The Way I Love You)** アイ・ネヴァー・ラヴド・ア・マン（ザ・ウェイ・アイ・ラヴ・ユー）（貴方だけを愛して）	Aretha Franklin アリーサ・フランクリン
26	**Do Right Woman, Do Right Man** ドゥ・ライト・ウマン、ドゥ・ライト・マン	Aretha Franklin アリーサ・フランクリン
27	**Respect** リスペクト	Aretha Franklin アリーサ・フランクリン
28	**(You Make Me Feel Like) A Natural Woman** （ユー・メイク・ミー・フィール・ライク）ア・ナチュラル・ウマン	Aretha Franklin アリーサ・フランクリン
29	**I Say A Little Prayer** アイ・セイ・ア・リトル・プレイヤ（小さな願い）	Aretha Franklin アリーサ・フランクリン
30	**When A Man Loves A Woman** ウェン・ア・マン・ラヴズ・ア・ウマン（男が女を愛する時）	Percy Sledge パーシー・スレッジ
31	**Slip Away** スリップ・アウェイ	Clarence Carter クラレンス・カーター
32	**The Dark End Of The Street** ザ・ダーク・エンド・オヴ・ザ・ストリート	James Carr ジェイムズ・カー

「ソウル・ミュージック」という言葉が頻繁に使われるようになったのは、ぼくの印象ではオーティス・レディングの人気が高まってきた一九六五年ごろでした。前年から勢いづいていた海賊ラジオが、BBCのお堅い雰囲気とは一八〇度違うノリで一日中ロックもソウルもがんがんかけていたお陰で、オーティスは本国アメリカよりも先にイギリスでスターの扱いになりました。アトランティックの昔の黒いレーベルのシングル盤で買った〈マイ・ガール〉③は今でも青春の決定的瞬間のひとつです。

「サザン・ソウル」という言い方はまだありませんでした。デトロイトのモータウン・サウンドと区別して「メンフィス・サウンド」と言っていたかもしれません。このプレイリストはまずメンフィスのスタックス・レコードのスタジオで録音されたオーティス①〜⑥、ウィルスン・ピケット⑦〜⑩（一部アラバマ州のマスル・ショールズ録音もあり）、そしてサム&デイヴの名曲⑪〜⑭を押さえました。どれもソウルの歴史を築いた宝物ばかりです。

そこからルーツに戻って、マスル・ショールズにまだスタジオすらなかった五九年に出たアーサー・アレクサンダーの〈ユー・ベター・ムーヴ・オン〉⑮。ローリング・ストーンズのカヴァーで知られた名曲です。カントリーっぽい曲が多いのは南部ソウルの大きな特徴で、スタックスのごく初期に作られたウィリアム・ベルの〈ユー・ドント・ミス・ユア・ウォーター〉⑯も、ゴスペルとカントリーが混ざったような独特な雰囲気を持っています。

初期のスタックスを支えたルーファス・トマス⑰、フィラデルフィアで「子供伝道師」として話題になったけれど間違いなく南部のスタイルで歌ったソロモン・バーク⑱、そして才能があったのにヒット曲には恵まれなかったメンフィスのO・V・ライト⑲、この三曲はストーンズのカヴァーで知りました。

スタックスで毎日ハウス・バンドを務めていたブッカー・T&ジ・MGズはその名前で沢山のインストルメンタルのヒット曲を持っていました。ここでは特に好きな三曲⑳〜㉒を選んでみました。

カーラ・トマスのかわいらしいポップな曲㉓もあれば、中年ブルーズ・ギタリストのアルバート・キ

33	**Tell Mama** テル・ママ	Etta James エタ・ジェイムズ
34	**I'd Rather Go Blind** アイド・ラザー・ゴー・ブラインド	Etta James エタ・ジェイムズ
35	**Stand By Your Man** スタンド・バイ・ユア・マン	Candi Staton キャンディ・ステイトン
36	**Ain't That Loving You (For More Reasons Than One)** エイント・ザット・ラヴィング・ユー(フォー・モア・リーズンズ・ザン・ワン)	Johnnie Taylor ジョニー・テイラー
37	**Who's Making Love** フーズ・メイキング・ラヴ	Johnnie Taylor ジョニー・テイラー
38	**Theme From Shaft** テーマ・フロム・シャフト	Isaac Hayes アイザック・ヘイズ
39	**Respect Yourself** リスペクト・ユアセルフ	Staple Singers ステイプル・シンガーズ
40	**I'll Take You There** アイル・テイク・ユー・ザア	Staple Singers ステイプル・シンガーズ
41	**Tired Of Being Alone** タイアド・オヴ・ビーイング・アローン	Al Green アル・グリーン
42	**I'm Still In Love With You** アイム・スティル・イン・ラヴ・ウィズ・ユー	Al Green アル・グリーン
43	**Let's Stay Together** レッツ・ステイ・トゥゲザー	Al Green アル・グリーン
44	**Love And Happiness** ラヴ・アンド・ハピネス	Al Green アル・グリーン
45	**I Can't Stand The Rain** アイ・キャント・スタンド・ザ・レイン	Ann Peebles アン・ピープルズ
46	**(You Keep Me) Hangin' On** (ユー・キープ・ミー)ハンギン・オン	Ann Peebles アン・ピープルズ
47	**Feet Start Walking** フィート・スタート・ウォーキング	Doris Duke ドリス・デューク
48	**If Loving You Is Wrong** イフ・ラヴィング・ユー・イズ・ロング	Luther Ingram ルーサ・イングラム

ングのブッカー・Tたちとの渋い名演㉔もあるスタックスの黄金期でした。そんなときアトランティックに移籍し、マスル・ショールズで録音したアリーサ・フランクリンの〈アイ・ネヴァ・ラヴド・ア・マン〉㉕がラジオから流れてきた時は、まさに青天の霹靂《へきれき》でした。一瞬で歴史が書き換えられた衝撃を今でもはっきりと覚えています。ここでは数々の名唱の中からさらに四曲を選びました㉖〜㉙。

同じ時期の名曲でパーシー・スレッジの世界的大ヒット㉚、そこまでは至らなかったクラレンス・カーターの〈スリップ・アウェイ〉㉛、ヒットしなかったのにサザン・ソウル伝説の名盤となったジェイムズ・カーの〈ダーク・エンド・オヴ・ザ・ストリート〉㉜、どれも必聴です。マスル・ショールズの魅力が余すところなく発揮されているブルージーなエタ・ジェイムズ㉝㉞、そしてまだ一〇代で、カントリー歌手の極致というイメージのタミー・ワイネットのヒット曲を完璧にソウルに仕立て直したキャンディ・ステイトン㉟、どちらもしびれます。

ジョニー・テイラーの二曲㊱㊲は一年しか開いていませんが、時代の変化がはっきりと分かります。一九六八年に生まれ変わったスタックスからは、アイザック・ヘイズ㊳と、いよいよ世界的なヒットを手にするステイプル・シンガーズの名曲㊴㊵を。

七〇年代初頭からメンフィスで新しいスタイルのサザン・ソウルを展開するハイ・レーベルの看板歌手アル・グリーンのヒット曲㊶〜㊹は暖かみがあって女性に大人気、同じくハイで活動していた小柄なアン・ピーブルズは大ヒット曲の〈アイ・キャント・スタンド・ザ・レイン〉㊺と、かなりカントリー寄りの個人的な愛聴曲㊻を入れました。

ドリス・デュークは一般的な知名度はない人ですが、サザン・ソウルのファンの間では人気が高く、〈フィート・スタート・ウォーキング〉㊼はヒットしてもいい曲だと思いました。

最後はまたまたマスル・ショールズ録音のきわめつけの不倫の歌、この一曲で知られるルーサ・イングラムの〈イフ・ラヴィング・ユー・イズ・ロング〉㊽。何回聞いても感激するソウルの名曲名演です。

05

ニュー・オーリンズのR&B

クリオールの豊かな文化

　この本はスタックスとモータウン、つまり南と北とを対比するストーリーにしたので、その本線から外れた地域の音楽についてはあまり触れていませんが、個人的に特に好きなニュー・オーリンズの音楽について少し語りたいと思います。

　ミシシッピー川の河口に位置するニュー・オーリンズはジャズの発祥地といわれ、古くからさまざまな文化が交差しているところです。もともとはフランス領で、フランス系の農園主たちが黒人奴隷に比較的多くの自由を与えていました。中心部のコンゴ広場では一時期、ブードゥーの儀式に近いような、打楽器を使ったコンサートでもなければ宗教儀式でもないような催物が毎週行なわれていたといいます。のちにそれらは禁止されてしまいましたが、黒人音楽が形になりやすい状況がニュー・オーリンズにはあったのです。

　加えて、クリオール（白人と黒人の混血のこと）の文化も重要です。奴隷の女性と農園主や農園の白人男性との間に生まれた彼らは、はじめはかなり優遇されていました。彼ら自身も白人文化の影響をすすんで受け入れます。南北戦争後に奴隷が解放されると、クリオールも他の黒人と同程度の権利しか持てなくなり、それまで身につけていた白人的な文化を黒人の世界へと持ち込む役割を果たすようになります。このことは

V.A.

"Cosimo Matassa Story"

ニュー・オーリンズのR＆Bシーンが成立したのは、コシモ・マタサが原始的なレコーディング・スタジオをフレンチ・クオーターに造ったことと深く関係しています。この安価な４枚組ボックス・セットには、1951年から56年までの間にコシモのスタジオで録音された、ニュー・オーリンズを象徴する多くのR＆B歌手たちの曲がぎっしりと詰まっています。

Proper Box, 2007

音楽の面からも注目すべきことで、ニュー・オーリンズの音楽の伝統をより豊かなものにしました。

ロイ・ブラウンとファッツ・ドミノ

音楽でニュー・オーリンズが最初に有名になるのは言うまでもなくジャズの世界です。ルイ・アームストロングをはじめ、初期のジャズにはニュー・オーリンズ出身のスター・ミュージシャンが大勢いました。三〇年代に入るとビッグ・バンド中心のスイング・ジャズが台頭して、ニュー・オーリンズのスタイルは一度廃《すた》れてしまいます。

しかし、第二次世界大戦が始まると、戦時中にレコードを作るための材料が不足したり、ミュージシャンの組合が録音活動を阻止するためにストライキをしたりと様々な要因があり、経済的にビッグ・バンドを維持することが難しくなります。スイング・ジャズの流行も消え、代わりに新しく芽生えたのは、コンボ・スタイルのビ・バップと、のちにリズム・アンド・ブルーズと呼ばれるようになるダンス・ミュージックでした。

この初期のリズム・アンド・ブルーズではニュー・オーリンズはかなり大きな役割を果たします。まず一九四七年にロイ・ブラウンが歌った〈グッド・ロキン・トゥナ

LEE DORSEY
"Holy Cow! The Very Best Of Lee Dorsey"

「我やること全てファンキーなり」というアルバム・タイトルがあるくらいのファンキーおじさんのベスト。鼻にかかったユニークな声で歌った〈ヤー・ヤー〉などのノヴェルティっぽいヒット曲で人気がありました。作曲したアラン・トゥーサントがそういった曲はみんな彼のために取っておいたのではないかと思うほど、一度聴いたら耳に引っ掛かる愉快な曲ばかりです。 Snapper Music, 2006

イト〉はニュー・オーリンズのスタジオで録音されます。コシモ・マタサの家族が電気器具などを販売していた店の奥に構えたこのJ&Mスタジオの設備は原始的なものでしたが、当時のニュー・オーリンズでは唯一のレコーディング・スタジオだったし、エンジニアとしての腕がよかったコシモは才能ある黒人のミュージシャンの録音をどんどん行ないました。

ロイ・ブラウンの〈グッド・ロキン・トゥナイト〉は地元のニュー・オーリンズで火がつき、四八年にワイノーニ・ハリスのカヴァー・ヴァージョンが全国的に大ヒットしましたが、「ロック」という単語を含んだ最初のヒット曲だったこのオリジナルを歌ったロイ・ブラウンは、のちのR&Bやソウルにかなり大きな影響を及ぼしたのです。

そして四九年には〈ザ・ファット・マン〉という曲でファッツ・ドミノがデビューします。ニュー・オーリンズで生まれ育った彼は初期のR&B／ロックンロールの最初の大スターとして、五〇年代にヒット曲を連発しました。白人にも人気が広がったために、彼のコンサート会場では人種が混ざって踊りだし、まだ人種隔離政策が続いていた南部では警察が介入すると、たびたび暴動が起きました。白人黒人を問わずファッツの音楽があそこまで好まれたのは、まず彼のピアノが作りだす強靱なビート、それから多くのレコードでプロデューサー役を務めたデイヴ・バーソロミューが施し

ALLEN TOUSSAINT
"The Allen Toussaint Collection"

ロングヘアやファッツ・ドミノの影響を受け、同世代のブッカーと仲がよかったアラン・トゥーサントはソングライターやプロデューサーとして成功を収めた後に、70年代にワーナー・ブラザーズと契約し、3枚のソロ・アルバムを発表しました。グレン・キャンベルのカヴァーでナンバー・ワンになった〈サザン・ナイツ〉をはじめ、このベスト盤には代表曲が多数収録されています。 Reprise, 1991

たニュー・オーリンズならではのファンキーな編曲、そしてもちろん本人のゆったりとした少しクリオール訛りのヴォーカルの魅力が大きいでしょう。

アラン・トゥーサントと「セカンド・ライン」

しかし、スタジオがあっても、ニュー・オーリンズにはレコード会社はなく、ロイ・ブラウンはニュー・ジャージーのデラックス、ファッツはロス・アンジェレスのインペーリアル・レコードに所属していました。ブラック・ミュージックを積極的に作っていたLAのもうひとつのインディー・レーベル、スペシャルティ・レコードのアート・ループ社長も、ファッツのバックを務めたデイヴ・バーソロミューの仲間の優れたミュージシャンたちを使いたくて、ニュー・オーリンズに出向きました。J&Mは五二〜三年にはロイド・プライスやギター・スリム、のちにはリトル・リチャードの一連のヒットを作りました。この時期のニュー・オーリンズで活動していたドラマーのアール・パーマーやサックスのリー・アレンなどは時代を築いたキー・パーソンと言っていいほどです。

J&Mで見習いのような感じでうろうろしていた若者の中には、次の時代を担うことになるアラン・トゥーサントがいます。彼はピアニスト、ソングライター、アレン

PROFESSOR LONGHAIR
"New Orleans Piano"

"ニュー・オーリーンズR＆Bの父"プロフェサー・ロングヘアの49年から53年の録音を集めた72年の名作アルバムに、未発表テイクを追加したCDです。それまでのブルーズのスタイルにラテンのリズムを独特のシンコペイションで取り入れたロングヘアの音楽は、のちに続くヒューイ・スミス、アラン・トゥーサント、ドクター・ジョンの音楽の基礎となりました。

Atlantic, 1989

ジャー、プロデューサー、歌手でもある本当のマルチ・タレントですが、六〇年代初頭に彼はジョー・バナシャックが始めたニュー・オーリンズの新しいレーベル、ミニット・レコードのために、ナンバー・ワンに輝いたアーニー・ケイドーの〈マザー・イン・ロー〉をはじめ、ジェシー・ヒルの〈ウー・プー・パ・ドゥー〉、アーマ・トマスの〈イッツ・レイニング〉、ベニー・スペルマンの〈リップスティック・トレイシズ〉など、新たな時代のニュー・オーリンズR&Bサウンドを確立させました。また六〇年代半ばにはリー・ドーシーの〈ワーキング・イン・ア・コール・マイン〉、〈ゲット・アウト・オヴ・マイ・ライフ・ウマン〉、〈ホーリー・カウ〉などでトゥーサント独自のファンキーなサウンドを打ち立てることに成功します。

ファッツ・ドミノや、ファッツと同時期にデビューし、まだニュー・オーリンズでしか知られていなかったピアニストのプロフェサー・ロングヘアのスタイルにも影響を受けたトゥーサントの一番の功績は、すでに長く続いていたニュー・オーリンズの伝統「セカンド・ライン」をR&Bに取り入れたことかもしれません。

この「セカンド・ライン」というのは、ニュー・オーリンズのお葬式のときに必ず演奏するブラス・バンドに関係する言葉です。教会から出て墓場までゆっくりとパレードを率いるブラス・バンドは、厳粛に賛美歌などを演奏します。ところが、柩を墓に納めたあと、ブラス・バンドを先頭に死者の家族や友人に加えて、なんの関係も

THE WILD TCHOUPITOULAS
"The Wild Tchoupitoulas"

ミーターズのオルガン奏者アート・ネヴィルには、サックスのチャールズ、パーカッションのシリル、歌のエアロンと兄弟が3人いました。彼らをミーターズのメンバーに加えて、彼らのおじが長を務める"マルディ・グラ・インディアン"のグループとして作った、ニュー・オーリンズならではの原始的なファンクの傑作。事実上ネヴィル・ブラザーズの誕生となった名盤です。

Mango, 1976

ない人たちまでもが、アップ・テンポの曲に合わせて踊ったり、打楽器やその代用品を持ち出したりして行列を作って練り歩きます。このブラス・バンドそのものが「ファースト・ライン」で、後方にくっついて歩くほうを「セカンド・ライン」と呼びます。「セカンド・ライン」は、ブラス・バンドが演奏する四分の二拍子ではなく、もう少しシンコペイションを加えたリズムを打つのがならわしでした。このニュー・オーリンズ独特のシンコペイションの伝統が、今日では「セカンド・ライン」として知られるようになったわけです。

ニュー・オーリンズR&Bのなかで、この「セカンド・ライン」のリズムがはっきり表われているのは、アラン・トゥーサントの音楽です。セカンド・ラインは彼が作ったリズムではありませんが、彼が制作した多くのレコードでひとつのスタイルとして確立するまでに至りました。リー・ドーシーの一連のヒット曲以降、六〇年代後半から七〇年代半ばまでの彼のレコーディングで、ほとんどのバックを務めているグループ、ザ・ミーターズは「セカンド・ライン」リズムのまさに名手といえます。

ドクター・ジョン

ニュー・オーリンズのR&Bサウンドを語る上でもう一人外すことができないのは

DR. JOHN
"Dr. John's Gumbo"

ほとんどの人がニュー・オーリンズの音楽文化を知らなかった60年代の状況を変えたのは、間違いなく72年のこのアルバムです。それまでサイケデリックなサウンドで知られていたドクター・ジョンが、ニュー・オーリンズR&Bの教科書のようなこの名作を解説付きで発表したことがきっかけとなって、プロフェサー・ロングヘアの名前も知られるようになったのです。 ATCO, 1972

白人のミュージシャン、ドクター・ジョン（本名はマック・レベナック）です。彼もアラン・トゥーサントと同世代で、やはりJ&Mでうろついていた仲間の一人でしたが、五〇年代半ばから色々なセッションでギターを弾いたり、制作の仕事を手伝ったりしていたのです。六〇年代にロス・アンジェレスに移住した彼は一時期ドクター・ジョン・ザ・ナイト・トリッパーとしてサイケデリック・ファンクとでも呼べそうな音楽を作っていましたが、一九七二年に発表した五作目のアルバム『ガンボ』では、ニュー・オーリンズ独特のR&Bの伝統を教科書のような分かりやすさで紹介しました。

それまでは、ファッツ・ドミノの曲やリー・ドーシーの曲を知っていても、一握りの専門家を除けばそれをニュー・オーリンズの文化としては誰も捉えていなかったのです。六〇年代に大ヒットした〈アイコ・アイコ〉も、わけの分からない歌詞を合唱しながらもそれがマルディ・グラ・インディアンと関係するものだとは知りませんでした。

ドクター・ジョンは『ガンボ』で、〈アイコ・アイコ〉も、ファッツ・ドミノのデビュー曲〈ザ・ファット・マン〉の元歌とも言える〈ジャンコー・パートナー〉も、マルディ・グラ・インディアンの文化を歌にしたようなプロフェサー・ロングヘアの代表曲〈ビッグ・チーフ〉も取り上げていますし、本人がそれぞれの曲について語る

DR. JOHN
"Goin' Back to New Orleans"

92年にドクター・ジョンは再び故郷ニュー・オーリンズの奥深い音楽文化の歴史に目を向けました。ジャズのルーツとなる19世紀の曲や、ジェリー・ロール・モートンの初期ジャズ、レッドベリーのフォーク〈グッドナイト・アイリーン〉、マルディ・グラの時にインディアンの格好をした黒人グループが歌う〈マイ・インディアン・レッド〉など、多面的にこの町の音楽を表現した名盤です。 Warner Bros., 1992

解説を読めば誰でもこの奥の深い音楽文化に興味を抱きます。多くの音楽ファンにとってニュー・オーリンズの音楽との最初の接点が『ガンボ』だったといっても過言ではないでしょう。

一九七三年にドクター・ジョンがザ・ミーターズをバックに、アラン・トゥーサントをプロデューサー／アレンジャーに迎えて作った大ヒット〈ライト・プレイス、ロング・タイム〉では、七〇年代のニュー・オーリンズ・パワーが頂点に達します。トゥーサントはその後しばらくロック界の様々なミュージシャンとのコラボレーションを行なうようになりましたが、ミーターズはメンバー同士の仲たがいから分裂気味になります。彼らの強靭なリズム・セクションを失ってしまうと、ニュー・オーリンズ・シーンの活気も薄れてきました。

ネヴィル・ブラザーズ

七〇年代も半ばを過ぎると、ニュー・オーリンズにもディスコの波が押し寄せてきました。レコード会社からの圧力があったとしても、この時期のミーターズのレコードは聞くのが辛いものです。結局ミーターズは解散し、その後キーボードのアート・ネヴィルと彼の兄弟（歌のエアロン、歌とパーカッションのシリル、サックスのチャールズ）が

THE NEVILLE BROTHERS
"Yellow Moon"

それまで傑作といえるスタジオ録音のアルバムがなかったネヴィル兄弟が、意外にもダニエル・ラノアのプロデュースで作り上げた素晴らしい作品です。テーマになっているのは公民権運動で、この本の核になった時代の流れをアルバム全体の構成で示唆するもの。ソウルが一番盛り上がった時代の良さをコンテンポラリーな感覚で表わすことに成功しています。

A&M, 1989

中心となってネヴィル・ブラザーズを結成します。

　レコードがさっぱり話題にならなかった彼らは地元を中心にライヴ活動を続け、八〇年代には「最高のライヴ・バンド」という評判が口コミで広がっていきました。八四年にインディーのレーベルから発売されたニュー・オーリンズ録音のライヴ・アルバムでようやく実像を披露すると、彼らはその直後の八六年に来日も果たし、感激のライヴを見せてくれました。ミーターズのセカンド・ラインのリズムを見事に刻むドラマー、ウィリー・グリーンの底力もあって、ソウルもファンクもロックもポップもすべて夢のように溶け合った彼らのサウンドにはうっとりさせられました。もうソウルの時代は過ぎ去った後でしたが、ネヴィル・ブラザーズはニュー・オーリンズの伝統をしっかりと維持していました。

　残念なことにライヴの評判がどんなに高くなっても、アルバムの売り上げはいまひとつ伸びず、最近はあまり話題も耳にしませんが、六〇年代から最高のソウル・シンガーとして慕われていた「黄金の歌声」のエアロン・ネヴィルは九〇年代に入ってからソロ歌手として大活躍しています。

　ニュー・オーリンズでは一九七〇年から、ニュー・オーリンズ・ジャズ・アンド・ヘリティッジ・フェスティヴァルが毎年開催されています。最初は規模が小さく、出演者も参加者も少なかったのですが、段々とスケールが大きくなり、今やアメリカで

THE METERS
"Funkify Your Life: The Meters Anthology"

ニュー・オーリンズのミーターズはメンフィスのブッカー・T＆ジ・MGズに相当する存在でした。特にアラン・トゥーサントがプロデュースするアルバムでは彼らがよく起用されましたが、70年頃から彼ら自身のレコードも作り始めました。MGズほどのヒット曲はないにせよ、ミーターズのこの時期の演奏はどれも究極のインストルメンタル・ファンクと言えます。
Rhino, 1995

最大級の音楽祭となりました。しかも音楽の幅の広さでも、質の高さでも群を抜いていいます。十年以上前から最終日のメイン・ステージのトリをつとめるのはネヴィル・ブラザーズと決まっていたのですが、二〇〇五年のハリケーン・カトリーナで家を失ってしまった彼らはあちこちに散らばってしまい、ニュー・オーリンズの「ハート・アンド・ソウル」も、その役割を果たせなくなってきました。

黄金時代の存在感を取り戻すことは無理でしょうが、ニュー・オーリンズに行けばまだまだ優れたミュージシャンがじつに大勢いることに驚く人も多いと思います。そのローカル・シーンさえ続いていけばＯＫでしょう。

V.A.

"Our New Orleans 2005: A Benefit Album"

2005年８月にニュー・オーリンズを襲ったハリケーン・カトリーナで家も財産もすべてを失った多くの人々を支援するためのチャリティとして制作されたアルバムです。メッセージ性の高い曲が多く、その最たるものは冒頭を飾るアラン・トゥーサントの肯定主義への賛歌〈イエス・ウィー・キャン・キャン〉です。他にアーマ・トマスやドクター・ジョンなども参加しました。 Nonesuch, 2005

1	**Big Chief** ビッグ・チーフ	Dr. John ドクター・ジョン
2	**Iko Iko** アイコ・アイコ	Dr. John ドクター・ジョン
3	**Right Place, Wrong Time** ライト・プレイス、ロング・タイム	Dr. John ドクター・ジョン
4	**Let's Make A Better World** レッツ・メイク・ア・ベター・ワールド	Dr. John ドクター・ジョン
5	**Cissy Strut** シシー・ストラット	The Meters ミーターズ
6	**Look-Ka Py Py** ロッカ・パイ・パイ	The Meters ミーターズ
7	**Hey Pocky A-Way** ヘイ・ポキ・アウェイ	The Meters ミーターズ
8	**People Say** ピープル・セイ	The Meters ミーターズ
9	**Southern Nights** サザン・ナイツ	Allen Toussaint アラン・トゥーサント
10	**What Do You Want The Girl To Do?** ウォット・ドゥー・ユー・ウォント・ザ・ガール・トゥ・ドゥー	Allen Toussaint アラン・トゥーサント
11	**Everything I Do Gonh Be Funky** エヴリシング・アイ・ドゥー・ゴーン・ビー・ファンキー	Allen Toussaint アラン・トゥーサント
12	**Mother-in-Law** マザー・イン・ロー	Ernie K-Doe アーニー・ケイドー
13	**A Certain Girl** ア・サートゥン・ガール	Ernie K-Doe アーニー・ケイドー
14	**Ride Your Pony** ライド・ユア・ポニー	Lee Dorsey リー・ドーシー
15	**Get Out Of My Life, Woman** ゲット・アウト・オヴ・マイ・ライフ、ウマン	Lee Dorsey リー・ドーシー
16	**Working In The Coal Mine** ワーキング・イン・ザ・コール・マイン	Lee Dorsey リー・ドーシー

二〇一五年にアラン・トゥーサント(七十七歳)、一七年にファッツ・ドミノ(八十九歳)、一九年にドクター・ジョン(七十七歳)が亡くなり、この三人が大きく貢献して築き上げられてきたニュー・オーリンズのユニークなサウンドは、これまで以上に過去のものとなった感があります。

ドクター・ジョンは白人ながら誰よりもニュー・オーリンズのR&Bを世界に知らしめた存在で、親善大使を務めたとも言えます。マルディ・グラ・インディアンについて歌った〈ビッグ・チーフ〉①と〈アイコ・アイコ〉②はいずれも七二年の名盤『ガンボ』の収録曲、続く七三年の〈ライト・プレイス、ロング・タイム〉③は唯一の大ヒット曲です。

そのバックで演奏したミーターズはニュー・オーリンズのファンク・ビートを象徴する究極のシンコペイションを得意とする凄まじいユニットでした。インスト曲⑤⑥とヴォーカル曲⑦⑧を二曲ずつ選んだので、これで味をしめてのめり込んでください。

アラン・トゥーサントはソングライター、編曲家、プロデューサーとして有名ですが、自身の録音では特に『サザン・ナイツ』というアルバムが名作です。グレン・キャンベルのカヴァーでチャートの一位になったタイトル曲⑨と、カヴァーの多い〈ウォット・ドゥー・ユー・ウォント・ザ・ガール・トゥ・ドゥー〉⑩は必聴です。もう一曲⑪は別のアルバムに入っているファンク宣言です。

六〇年代初頭、若きトゥーサントが手がけたアーニー・ケイドーのノヴェルティっぽいヒット曲⑫⑬、そして一回聞けば忘れられないフックのあるリー・ドーシーのヒット曲⑭⑮⑯にも、トゥーサントの才能は明らかです。

ここで一気に遡って一九四七年に発表されたロイ・ブラウンの〈グッド・ロキン・トゥナイト〉⑰。ニュー・オーリンズで初めて作られたレコーディング・スタジオからの記念すべき名曲です。続くロイ・モントレル⑱、ロイド・プライス⑲、プロフェサー・ロングヘア⑳㉑、アーチボールド㉒、アール・キング㉓は、四〇年代終盤から五〇年代半ばの曲。ニュー・オーリンズのR&Bを知る上で避けて通れない人たちばかりですが、当時はニュー・オー

17	**Good Rocking Tonight** グッド・ロキン・トゥナイト	Roy Brown ロイ・ブラウン
18	**(Every Time I Hear) That Mellow Saxophone** （エヴリ・タイム・アイ・ヒア）ザット・メロウ・サクソフォーン	Roy Montrell ロイ・モントレル
19	**Lawdy Miss Clawdy** ローディ・ミス・クローディ	Lloyd Price ロイド・プライス
20	**Mardi Gras In New Orleans** マルディ・グラ・イン・ニュー・オーリンズ	Professor Longhair プロフェサー・ロングヘア
21	**Tipitina** ティピティナ	Professor Longhair プロフェサー・ロングヘア
22	**Stack-A'Lee Part 1** スタカ・リー・パート1	Archibald アーチボルド
23	**Some Lonely Lonely Nights** サム・ロンリー・ロンリー・ナイツ	Earl King アール・キング
24	**The Monkey Speaks His Mind** ザ・マンキー・スピークス・ヒズ・マインド	Dave Bartholomew デイヴ・バーソロミュー
25	**Walking To New Orleans** ウォーキング・トゥ・ニュー・オーリンズ	Fats Domino ファッツ・ドミノ
26	**Let The Good Times Roll** レット・ザ・グッド・タイムズ・ロール	Shirley & Lee シャーリー＆リー
27	**Let The Good Times Roll** レット・ザ・グッド・タイムズ・ロール	Alvin Robinson アルヴィン・ロビンスン
28	**I Hear You Knocking** アイ・ヒア・ユー・ノキング	Smiley Lewis スマイリー・ルイス
29	**I Like It Like That** アイ・ライク・イット・ライク・ザット	Chris Kenner クリス・ケナー
30	**Something You Got** サムシング・ユー・ゴット	Chris Kenner クリス・ケナー
31	**It's Raining** イッツ・レイニング	Irma Thomas アーマ・トマス
32	**Ruler Of My Heart** ルーラー・オヴ・マイ・ハート	Irma Thomas アーマ・トマス

リンズの外ではほとんど知られていませんでした。

デイヴ・バーソロミュー（二〇一九年に一〇〇歳で死去）はファッツ・ドミノを発掘し、彼のいくつものヒット曲を作ったりプロデュースしたりしたトランペット奏者／バンド・リーダーでした。六〇年ごろにアラン・トゥーサントが現れるまでニュー・オーリンズのR&B界をほとんど一人で支えたような印象の人です。彼自身とファッツ（第一章で取り上げています）を一曲ずつ入れました㉔㉕。

Let The Good Times Roll はニュー・オーリンズの生き方そのもの。ここでは同名異曲をふたつ、ヒットしたシャーリー&リー㉖と、のちにドクター・ジョンがカヴァーしたアルヴィン・ロビンスン㉗を並べました。

スマイリー・ルイスの〈アイ・ヒア・ユー・ノキング〉㉘は五〇年代の曲で、ニュー・オーリンズが大きく注目される前の七〇年にイギリスでデイヴ・エドモンズがカヴァーして大ヒットしました。ジョン・レノンの愛聴盤だったことでも有名です。

クリス・ケナーもアーマ・トマスも六〇年代初頭にアラン・トゥーサントの才能に助けられてヒット曲を出した人たちで、ここで取り上げた曲㉙〜㉜はどれもカヴァーが多く、良く知られた曲です。

ロバート・パーカーの〈ベアフティン〉㉝は六六年にイギリスのモッズの間で大流行した曲。これを編曲／プロデュースしたウォーデル・ケゼールは元々デイヴ・バーソロミューのバンドから出発した人で、知る人ぞ知る存在ですが、重要人物です。

〈アイコ・アイコ〉はニュー・オーリンズ・スタイルのR&Bの代表曲です。オリジナルは五四年のシュガー・ボイ・クローフォードの〈ジョカモー Jock-A-Mo〉ですが、六六年にディクシー・カップスという女性ヴォーカル・グループが、まったく訳の分からない歌詞にも関わらず、ポップな編曲で大ヒットさせました㉞。

スヌックス・イーグリンは盲目のギタリスト／歌手。路上で歌っているところを発見されたのをきっかけにレコーディングが決まりました。五九年のデビュー・アルバムから、ニュー・オーリンズ・ジャズの時代から歌い継がれてきた〈セイント・ジェイ

33	**Barefootin'** ベアフティン	Robert Parker ロバート・パーカー
34	**Iko Iko** アイコ・アイコ	Dixie Cups ディクシー・カップス
35	**Saint James Infirmary** セイント・ジェイムズ・インファーマリー	Snooks Eaglin スヌックス・イーグリン
36	**Travelling Mood** トラヴェリング・ムード	Snooks Eaglin スヌックス・イーグリン
37	**Teasin' You** ティージン・ユー	Willie Tee ウィリー・ティー
38	**I Won't Cry** アイ・ウォント・クライ	Johnny Adams ジョニー・アダムズ
39	**Tell It Like It Is** テル・イット・ライク・イット・イズ	Aaron Neville エアロン・ネヴィル
40	**Hercules** ハーキュリーズ	Aaron Neville エアロン・ネヴィル
41	**Brother John** ブラザー・ジョン	Wild Tchoupitoulas ワイルド・チャウピトゥーラズ
42	**Meet De Boys On The Battlefront** ミート・ディ・ボイズ・オン・ザ・バトルフロント	Wild Tchoupitoulas ワイルド・チャウピトゥーラズ
43	**Big Chief** ビッグ・チーフ	Neville Brothers ネヴィル・ブラザーズ
44	**Yellow Moon** イェロー・ムーン	Neville Brothers ネヴィル・ブラザーズ
45	**Junco Partner** ジャンコー・パートナー	James Booker ジェイムズ・ブカー
46	**Blackbird Special** ブラックバード・スペシャル	Dirty Dozen Brass Band ダーティ・ダズン・ブラス・バンド
47	**Do It Fluid** ドゥ・イット・フルイド	Dirty Dozen Brass Band ダーティ・ダズン・ブラス・バンド
48	**Treme Song** トレメイ・ソング	John Boutte ジョン・ブテ

ムズ病院〉㉟をどうぞ。彼はその後ニュー・オーリンズを中心に活動を続け、「人間ジュークボックス」と呼ばれるほど様々なジャンルのレパートリーを持っていました。〈トラヴェリング・ムード〉㊱はドクター・ジョンも歌っている曲です。

同じようにニュー・オーリンズでは名が通っていても、よそではちがうというミュージシャンは少なくありません。〈ティージン・ユー〉㊲がちょっとヒットしたウィリー・ティーも、なぜかあまり有名にならなかった謎の名歌手ジョニー・アダムズ㊳もその好例。エアロン・ネヴィルという歌の大天才も、アリーサ・フランクリンと同等に評価されても不思議ではない人です。彼の名を知らしめた66年の〈テル・イット・ライク・イット・イズ〉㊴と、ボズ・スキャッグズがカヴァーしたアラン・トゥーサント作〈ハーキュリーズ〉㊵を選んでみました。

エアロンは、ネヴィル兄弟四人でネヴィル・ブラザーズの活動を始める前の七六年、兄アートがキーボードを弾いていたミーターズにネヴィル兄弟を加えたメンバーによるワイルド・チャウピトゥーラズとしてアルバムを一枚だけ発表します。このバンド名はマルディ・グラ・インディアンのトライブの一つで、ネヴィル兄弟の伯父ジョージ・ランドリーが酋長を務めた関係もあって、黒人だけのマルディ・グラ文化として継承されてきた音楽を収めた貴重な作品です㊶㊷。ネヴィル・ブラザーズはライヴでのすごい実力がスタジオ録音では今一つ伝わらずにいましたが、ようやく本領を発揮した〈イエロー・ムーン〉㊹と、その前に出たライヴ盤から〈ビッグ・チーフ〉㊸を入れました。

ドクター・ジョンもアラン・トゥーサントも天才ピアニストと絶賛したジェイムズ・ブカーが歌うニュー・オーリンズ型ブルーズの原形といえる〈ジャンコー・パートナー〉㊺、ニュー・オーリンズの重要な文化であるブラス・バンドにモダン・ジャズとファンクを加えて一新したダーティ・ダズン・ブラス・バンドの初期の曲㊻㊼、そして最後に優れたミュージシャンを輩出した町トレメイ（ニュー・オーリンズの一部）を歌った名歌手ジョン・ブテ㊽！

06

70年代ソウルのスーパースターたち

——内省と成熟

スライ&ザ・ファミリー・ストーン

七〇年代以降のブラック・ミュージックを語ろうとするとき絶対に無視できないミュージシャンたちのなかでも、最も重要な人物の一人が、スライ&ザ・ファミリー・ストーンを率いたスライ・ストーンです。

スライはサン・フランシスコ近郊の街に育ちました。一〇代の頃からミュージシャンを志し、地元のインディー・レーベルで主にドゥー・ワップのシングルを何枚か吹き込みます。六四年には地元のＤＪ／興業主のトム・ドナヒューのオータム・レコードで働き、自分のレコードでちょっとしたヒットを放ついっぽう、ボー・ブラメルズやジェファソン・エアプレインのグレイス・スリックが在籍していたグレイト・ソサエティなどの白人ポップ、ロック・グループのプロデューサーを務めました。同時にＤＪもやっていましたが、彼の番組では黒人音楽だけではなく、ディランやビートルズもかけていたといいます。

六六年に彼が結成したスライ&ザ・ファミリー・ストーンは、黒人と白人、男性と女性が混ざっているという、かつてないメンバー構成のバンドでした。六八年の〈ダンス・トゥ・ザ・ミュージック〉が初めてヒットし、六九年にナンバー・ワン・ヒットとなったユートピア的発想のシングル〈エヴリデイ・ピープル〉とアルバム『スタ

SLY & THE FAMILY STONE
"There's A Riot Goin' On"

突然のツアーのキャンセルなど不可解な行動を伴う１年あまりの沈黙後に発表された71年の問題作。シングル〈ファミリー・アフェア〉と共にたちまちナンバー・ワンとなりました。初期のヒットの楽天性が消えた内省的な歌とメリハリのないミックスによるモコモコとしたファンク・サウンドは、どういうわけか極めて中毒性が高く、スライの最高傑作だと思います。

Epic, 1971

ンド！』の大ヒットにより、スライ&ザ・ファミリー・ストーンは一躍人気グループとなります。

ロックとソウルを結びつけた躍動感あふれる明るいサウンド、肯定的なメッセージを持った歌詞、そして奇抜なルックスなどで、彼らは黒人と白人両方の若者に受けたのです。スライがレコード会社に勤めていた時に養ったノウハウがものをいったのでしょう。スライのサウンドはたちまちソウル・シーンに影響力を広げ、たとえばモータウンはノーマン・ウィットフィールドのプロデュースによるテンプテイションズの作品などでスライの後を追いました。

ぼく自身は、〈ダンス・トゥ・ザ・ミュージック〉をラジオで聞いて知ってはいましたが、ソウル・ミュージックとしてはまったく意識していませんでした。ビートに「ため」があったわけでもないし、ホーン・セクションの使い方も「白い」感じがしました。映画『ウッドストック』で〈ハイヤー〉を演奏するスライ&ザ・ファミリー・ストーンの動く姿に初めて接して、すごいパフォーマーだとは思ったけれど、やはりソウル云々とは思ってもみませんでした。もっともスライ本人にもきっとそんな意識は無かったでしょうし、ソウルを感じさせないから悪いというつもりもまったくありません。要するにさほどぼく好みの音楽ではなかった、ということです。

ところが、七一年のアルバム『暴動（ゼアズ・ア・ライオット・ゴーイン・オン）』のス

SLY & THE FAMILY STONE
"Fresh"

先端的なファンクに取り組むスライが聴けます。サウンドの大きな特徴だったベースのラリー・グレアムが脱退、代わりに入ったラスティ・アレンと、新しく加入したドラムズのアンディ・ニューマークが大きく貢献しています。『暴動』ほど暗くはないものの、その延長線上にあるアルバムです。スライ流に捉え直したドリス・デイの〈ケ・セラ・セラ〉にもしびれます。

Epic, 1973

ライはそれまでと同一人物とは思えません。たしかにロックの要素もかなり強いのですが、全体の印象は「真っ黒」です。ぼくの肌には合わなかったロックっぽさの代わりに、非常にニュアンスに富んだリズム感があって、当時はまだファンクという言葉を知らなかったけど、今にして思えばまさにファンクそのものでした。完全に新しい音楽だったのです。

『暴動』は、のちの七〇年代のファンク、そして八〇年代のプリンスたち、つまりブラック・ロックというべきか、黒人と白人それぞれの音楽が最も良い形で混合した音楽を作っている（あるいはこれから作ることになる）ミュージシャンにつながっていく一種のスタート地点なのです。

この作品ひとつであまりにも明るく輝きすぎたせいでしょうか、次作『フレッシュ』のうちの何曲かを除けば、それ以降のスライはあまりパッとしません。六八年のキング牧師の暗殺に始まる黒人運動の転換期の数年間がちょうどスライの最盛期でした。

『暴動』のタイトル曲（これはコースターズのヒット曲の一節からタイトルを取っています）には、音が入っていません。レーベルに曲名が書かれているだけでした。今にして思えば、スライはこの曲（?）で黒人運動の変化を表現したのかもしれません。また、『フレッシュ』に収められていた、明るくて健全なアメリカ女性の代名詞のようなドリス・デイの歌で有名な〈ケ・セラ・セラ〉の暗さからは彼の挫折感が感じとれます。それにしても可も不可もないようなレコードをいくつも作り続けて、平凡なキャリアを営むよりは、歴史に残るような大傑作をひとつだけでも残すほうが素晴らしい、と無責任な一ファンとして思わざるをえません。

マーヴィン・ゲイ

マーヴィン・ゲイはモータウンを代表する男性シンガーとして、六〇年代に三十曲近いヒット曲を放った人気シンガーです。牧師の息子として生まれたマーヴィンはゴスペルを歌って育ち、ドゥー・ワップ・グループのムーングロウズのメンバーとしてプロ・デビューしました。しかし、面白いことに彼はナット・キング・コールやフランク・シナトラのようなスタンダードを歌うポピュラー歌手になりたかったそうです。

ところがモータウンでは、スモーキー・ロビンスン、H＝D＝H、ノーマン・ウィットフィールドなど、さまざまなプロデューサーと組まされ、次々と女性歌手とのデュエットの相手役を務めさせられるなど、制作スタッフとシンガーの完全分業制によるモータウンのヒット製造システムの制約を受けていました。ですから彼は、自分のやりたい音楽とモータウンのポップR&Bとのあいだに常にギャップを感じてい

MARVIN GAYE
"What's Going On"

当時は社会問題を含んだ内容のためにベリー・ゴーディ社長の反対にあって、発売さえ危ぶまれたこのアルバムは、今や時代にまったく束縛されない歴史的な傑作という不動の評価を受けています。全体がひとつの組曲のように構成され、マーヴィンの歌も、自由に演奏する機会を与えられたミュージシャンたちの演奏も、それまでのソウルの枠を超えた新しいヴィジョンを示しました。 Motown, 1971

たに違いありません。

そうした状況への不満を次第にふくらませていたマーヴィンは、自分で作曲、プロデュースを担当してアルバムを制作したい、と言いだして会社と対立するようになっていきました。

ツアーを止め、しばらく休養をしていたマーヴィンが、ベリー・ゴーディの反対を押し切って、初めて自ら作曲とプロデュースを手がけて七一年に発表したのが『ウォッツ・ゴーイン・オン』です。

このアルバムはあっという間に大ヒットとなった画期的な作品でした。六七年からコンビを組み、素晴らしいデュエット・ヒットを連発したタミー・テレルが脳腫瘍で倒れて七〇年に亡くなったことから受けた打撃や、弟が行っていたヴェトナム戦争の泥沼化などのアメリカ社会の混乱に影響を受けて、マーヴィンはこの思索的な内容の傑作を生んだのです。そのサウンドはジャズからドゥー・ワップまでの影響を消化して作りだされた都会的な洗練されたもので、七〇年代のソウル・ミュージックを決定づけたと言っていいほどの影響力を持ちました。

『ウォッツ・ゴーイン・オン』は社会問題をテーマにしたコンセプト・アルバムです。まず、もっと仲良くやっていけるはずなのになぜそんなに争いごとばかりやっているんだ？　と反戦を呼びかけるタイトル・ソングでは、「何が起こっているんだ今は？」と問いかけて問題提起をしています。さらに〈イナー・シティ・ブルーズ〉ではゲットーの問題を、〈セイヴ・ザ・チルドレン〉ではゲットーで暮らす子供たちの問題を、〈マーシー・マーシー・ミー〉では公害問題を、それぞれ取り上げるという見事な構成になっています。今聞いても三十六年も前に出たレコードとは思えません。

サントラ盤の『トラブル・マン』（タイトル曲がすごくかっこいい）を挟んで、七三年、スティーヴィ・ワンダーの『イナーヴィジョンズ』と同時期に『レッツ・ゲット・イット・オン』という、これまた素晴らしいアルバムを出します。これには個人的な思い出があります。大学を卒業して、社会人になる前の最後の長い夏休みをギリシャの島で過ごし、ロンドンへ帰ってきたぼくは、翌日友達のところへ遊びに行きました。友人は留守でしたがドアが開いていたので入ると、レコード・プレイヤーに乗っていたのが『レッツ・ゲット・イット・オン』でした。それを聞いて吹っ飛んだことはいうまでもありません。それからはマーヴィンに溺れたような感じで、何百回も（ちょっとおおげさかな？）聞いたものです。

このレコードはもたった感じのリズムが魅力的です。マーヴィンはもともとドラマーで、モータウンでも歌手としてヒットを出す前はセッション・ドラマーもやらされていました。だから、リズム感は当然しっかりしているんですが、『ウォッツ・ゴーイン・オン』以降は普通に考える黒人のリズムというか、二拍目、四拍目のバッ

MARVIN GAYE
“Let’s Get It On”

マーヴィンが70年代に発表した２つめの大傑作アルバムの題材はずばり“セックス”でした。本人が実際に恋に落ちるプロセスをそのまま音楽で表現したわけですが、そのエロティックな雰囲気はあまりにもリアルで、他のシンガーが歌ったら滑稽に聞こえたかもしれません。ところがマーヴィンが歌うといやらしさはなく、むしろ彼の誠意が聞き手の心を打つのです。
Motown, 1973

ク・ビートを強調したリズムではなく、パーカッションも多用したポリリズム的な柔らかいビートになっていきます。それが顕著に表れた最初の作品がこのアルバムだったのです。

また、このアルバムはタイトルからなにからセックスずくめのレコードで、これだけ露骨にセックスをテーマに取り上げたレコードはたぶん初めてだと思います。ただ、露骨ではあっても不思議とロマンティックで、いやらしさを感じさせません。

とにかく、歌詞だけではなく、印象的なアレンジと演奏、もたっとしたリズム、そして、あたたかい赤の深い色でマーヴィンの写真がぼかしてあるジャケットまで、すべてがセクシーなのです。これは間違いなくソウルの傑作アルバムの一枚でしょう。この次に出たライヴ・アルバムでもハイライトになっていた〈ディスタント・ラヴァー〉は特に名曲です。

『レッツ・ゲット・イット・オン』にも引けを取らない七六年の『アイ・ウォント・ユー』を経て、七八年にマーヴィンはベリー・ゴーディの妹である奥さんと離婚した一部始終を馬鹿正直にテーマにしたアルバム『離婚伝説（ヒア・マイ・ディア）』を出しました。この後、モータウンともめて会社を離れることになりますが、同時に莫大な慰謝料と税金のトラブルのため、しばらく活動を休止。アメリカを脱出して、ベルギーで暮らすことにします。

MARVIN GAYE
"I Want You"

『レッツ・ゲット・イット・オン』の３年後に発表された本作は、前作と同じテーマながらすでにディスコが流行し始めた時期の作品で、リズム面で多少その流れを意識しながらも、この愛の告白はきわめて洗練されています。コンガなどのパーカッションのニュアンスを美しく表現した色っぽいムード溢れるこの作品は、マーヴィンの最後の傑作と言えます。

Motown, 1976

そして、再びやる気をおこして作ったのが、〈セクシュアル・ヒーリング〉が入っている八二年のアルバム『ミッドナイト・ラヴ』です。リズム・ボックスのイントロが印象的なこの曲の大ヒットで見事に復活しますが、二年後の八四年、父親に射殺されるという悲劇的な最後を遂げました。

スティーヴィ・ワンダー

六一年に十一歳でモータウンと契約して、盲目の天才ソウル・シンガーとしてデビューしたスティーヴィ・ワンダー。六〇年代に多くのヒットを放って、モータウンの看板の一人として活躍した彼は、六六年の〈アップタイト〉以降ほとんどのヒット曲を自作していました。これはスモーキー・ロビンスンを除けば六〇年代のモータウンでは唯一の存在でした。さらに、自分の作品と並行して他の人の作曲やプロデュースを手がけるなど、幅広く発揮されていた彼の才能が、七〇年代に入って大きく花開きます。

スティーヴィはまだ子供だったときにモータウンと契約したので、ヒットで稼いだ印税は本人の手に渡らず別の口座に貯められていたのですが、七一年になってその大金を自分で自由に使えるようになります。同時にモータウンとの契約も更新の時期が

STEVIE WONDER
"Music Of My Mind"

スティーヴィの、そしてソウルの新時代を告げた四部作の幕開けとなった作品。演奏、アレンジ、プロデュースをほぼ１人で手がけています。プログラマーのセシル＆マーグレフの助けを借りたシンセサイザーが斬新でした。中でも３曲目のベースが変わった音で、繰り返し聴いた思い出があります。それがシンセ・ベースだと分かったのはずいぶん後になってからでした。 Motown, 1972

来ていました。

それまで作り手側には創作上の自由を一切与えていなかったからこそ（プロデューサーと副社長を兼ねていたスモーキーはここでもまた例外）、モータウンのベルト・コンヴェヤー式レコード作りはあれだけの成功をおさめることができた、と見ていいでしょう。メアリー・ウェルズのように早くから反発する人もいたようですが、ベリー・ゴーディははっきりしたヴィジョンを持っていたというべきか、ぼくも頭が下がるような頑固者だったというべきか、とにかく歌手のそんな「わがまま」を認める人ではなかったので、文句のある人はみんな気がつくとモータウンを離れていました。

次から次へとヒット曲を生んでいた六〇年代のモータウンにとっては、痛くもかゆくもないことだったのでしょうが、スティーヴィは次元の異なる存在でした。未成年のときにいち早く契約したこと、並はずれた才能の持ち主だったこと、それにベリー・ゴーディにも負けないほどの頑固者だったことなど、スティーヴィが独自の状況を作りあげていったのには、さまざまな要因がありましたが、とにかく結果としてスティーヴィは、自分が作るレコードの原盤権を管理する制作会社と、楽曲の著作権を管理する出版会社を自分で興します（どちらの権利もそれまではモータウンが必ず独占していました）。そして、巨額のアドヴァンスと引き替えに、自分の力でレコードを制作して、その発売権をモータウンに預けることにしたのです。このような例外的な契約

STEVIE WONDER
"Talking Book"

60年代のスティーヴィとは別人がここにいます。またこの辺りの作品で展開している音楽も60年代のソウル・ミュージックとはある意味で違うものだと思った方がいいかも知れません。こんなメロディ、こんなコード進行は他の誰も考えないものでしたが、スティーヴィがあの声で歌うと、どんな曲でも見事なソウル・ミュージックになってしまうのです。

Motown, 1972

を認めたことひとつをとっても、ベリー・ゴーディにとってスティーヴィがいかに重要な存在だったかがよく分かります。

新しい方向性を模索していた当時のスティーヴィは、モーグ・シンセサイザーを買い込み、この新しいテクノロジーを用いた新しいサウンドを作りだします。そして、その頃出会ったマルコム・セシルとロバート・マーグレフというシンセサイザー・プログラマーと三人でニュー・ヨークのスタジオに籠《こも》って一気に作りあげたのが、七二年の『心の詩（ミュージック・オヴ・マイ・マインド）』、七三年の『トーキング・ブック』と『インナーヴィジョンズ』、七四年の『フルフィリングネス・ファースト・フィナーレ』という画期的な四枚のアルバムに収められることになる数十曲の傑作たちです。

ぼくが初めて聞いた『心の詩』の中の曲は、〈ガール・ブルー〉ですが、それまでに聞いてきたブラック・ミュージックとはまったく違う音楽、という印象を受けました。ほとんどすべてをスティーヴィが自分で歌い、演奏して、アレンジ、プロデュースも手がけていますから、やはり有機的なバンド演奏とは違う独特のノリがあります。

とくに彼のシンセサイザーの使い方は黒人白人を問わず、当時ではすごく斬新でした。シンセ・ベースを七二年から使っている人などいなかったはずです。『心の詩』からは大ヒットは出ていませんが、『トーキング・ブック』は、クラヴィネットの音が印象的な〈スーパースティション〉と〈ユー・アー・ザ・サンシャイン・オヴ・マ

STEVIE WONDER
"Innervisions"

スティーヴィの最高傑作だとぼくが思っているアルバム。本文でも触れた〈リヴィング・フォー・ザ・シティ〉のようにゲットーの状況を歌った社会批評的な歌も作るようになったことは注目すべきです。印象的なのはラストの〈ヒーズ・ミストラ・ノウ・イット・オール〉で、曲の途中でヴォーカルが突然爆発するように歌いだすところは今も聞くたびにスリリングです。

Motown, 1973

イ・ライフ〉というヒットを生み、これ以降スティーヴィは爆発的に売れ始めます。このアルバムにはギタリストのジェフ・ベックとアルト・サックスのデイヴィッド・サンボーンが参加していますし、七二年のローリング・ストーンズの全米ツアーの前座を務めるなど、スティーヴィがロック・ミュージシャンと共演し始めたことも注目されます。

　ぼく個人はその次に発表されたアルバム『イナーヴィジョンズ』が最高傑作だと思っています。ぼくがロンドンのレコード店に入社した週（一九七三年九月……だったと思います）にアメリカで発売されたので、輸入盤で入荷したその日に買って、めちゃめちゃ聞きまくりました。

　これに収められている〈リヴィング・フォー・ザ・シティ〉はスティーヴィの作品の中でも最もソウルフルな名曲です。歌われているのはゲットーのことで、田舎からニュー・ヨークへ出てくる男の子のストーリーになっています。あこがれの地としてのニュー・ヨークに夢を抱いてやってくるのですが、実際に来てみると汚くて臭くて犯罪だらけの街だった……。曲がまた素晴らしいのですが、とくにシンセサイザーがよく歌っています。シンセサイザーを演奏してこんなふうに本当のソウルを感じさせることができる人は多くありません。ピッチ・ベンダーなどをうまく使ってシンセサイザーでコブシを出すのですが、ここでのスティーヴィに匹敵するのは、スティー

STEVIE WONDER

"Fulfillingness' First Finale"

統一したアルバムとしては前の３作にはかなわない気もしますが、それにしてもこの時期のスティーヴィに出来の悪い曲を作ることは不可能だったのです。またこのアルバムではひとつひとつの曲で使っている音色がすごく印象的で、数少ないミュージシャンの起用のしかたも見事なものです。ファンキーな〈ユー・ハヴント・ダン・ナシング〉など、名曲が揃っています。

Motown, 1974

ヴ・ウィンウッドくらいではないでしょうか。

スティーヴィの歌詞というのは、目が見えない人のものとは思えません。色がよく出てくるし、自然界のこともよく歌います。しかもまったく無理がありません。ただし、センティメンタリズムに陥りやすいという一面もあります。彼は基本的にそういう感性の人間なのでしょうが、それが時にむずがゆく感じられることもあります。

『フルフィリングネス・ファースト・フィナーレ』は『イナーヴィジョンズ』の延長線上のアルバムで、良い作品ですが特別な大傑作といいたくなるような曲はありません。そして、七六年の『キイ・オヴ・ライフ』はひとつの集大成的なレコードで、まさに音楽図鑑そのもの。スティーヴィが、こんなタイプの曲も、あんなタイプの曲も好きだ、といって何もかもやってしまいました、という趣きのアルバムです。発売当時はLP二枚組に四曲入りのEPが付いているという大作でしたが、それでもレコーディングにあたってはその三倍くらいの曲を作っていたそうです。大ヒットした〈サー・デューク〉を筆頭に、スティーヴィのハーモニカがじつに泣かせる〈イズント・シー・ラヴリー〉、〈アズ〉などのよく知られた名曲が収められています。

このあたりまでがスティーヴィの重要な時期でしょう。次の『シークレット・ライフ・オヴ・プランツ』は結局公開されなかった映画のサントラで、どこか訳の分からないレコードでした。八〇年の『ホッター・ザン・ジュライ』はキング牧師の誕生日

STEVIE WONDER
"Songs In The Key Of Life"

いまさら何を言うべきか、誰もが傑作と認めているアルバムです。アーティストとしてのスティーヴィ・ワンダーがこれだけの幅を持ち、これだけ多くのスタイルでスタンダードとなる名曲を作っていたことには、今もただただ脱帽するのみです。彼の天才ぶりが発揮されるのは基本的にこのアルバムまでですが、約5年の間に彼が創造したものは優に一生分に相当します。必聴。 Motown, 1976

を休日扱いにすべきだという主張を込めた〈ハッピー・バースデイ〉を含むいい作品でしたが、その後はあまりぱっとしないアルバムが続きました。それも七一年から七六年にかけての信じがたいレヴェルの創造性を考えれば無理もないことかもしれません。二〇〇五年に発表された『ア・タイム・トゥ・ラヴ』はかなりの力作でしたが、それでも『イナーヴィジョンズ』あたりと比較してしまうと、なにを作ってもその時期の音楽にはかなわないはずです。

とにかく、七〇年代の音楽に対する影響力の大きさという点ではスティーヴィは断然トップでしょう。ロック・アーティストたちもみんなスティーヴィのレコードを聞き込んでいたし、一般的な人気もすごいものがありました。結果的に、黒人音楽を無視しがちのグラミー賞を三年間総なめにしたほどです。

カーティス・メイフィールド

シカゴはブルーズの街として知られ、名門チェス・レコードが誕生して象徴的存在となりましたが、かたやR&Bの伝統が強い街でもあります。五〇年代半ばから活動を続けていたヴィー・ジェイ・レコードは、当時は数少なかった黒人が経営するレコード会社でした（大手のキャピトルが発売しなかったので、デビューしたばかりのビートルズ

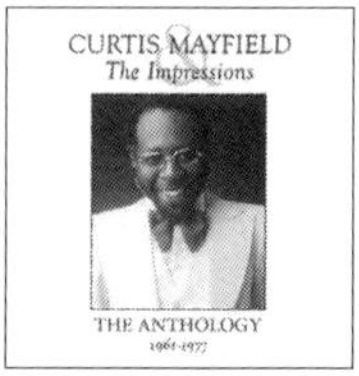

CURTIS MAYFIELD & THE IMPRESSIONS
"The Anthology 1961-1977"

ソウル・ミュージックというと感情を強烈に表現するゴスペル的な歌い方を連想するものですが、60年代初頭から力を抜いたファルセットで歌い、独特の軽いギター・サウンドが特徴のカーティスはユニークな存在でした。〈ピープル・ゲット・レディ〉などインプレションズ時代の多くのヒット曲と、ソロになってからの70年代の代表曲を収録した美しい選曲です。
MCA, 1992

のレコードの配給権を拾って先見の明を見せると同時に、けっこうおいしい思いをしたはず)。

　このヴィー・ジェイから五八年に〈フォー・ユア・プレシャス・ラヴ〉のヒットでデビューしたインプレションズに参加していたのが、この項の主役、カーティス・メイフィールドです。その曲はのちにソロ歌手として独立するジェリー・バトラーをフィーチャーしたものでしたが、バトラーが辞めたあと、ABCに移籍したインプレションズを率いたカーティスは、六〇年代に自作の〈イッツ・オール・ライト〉、〈アイム・ソー・プラウド〉、〈ピープル・ゲット・レディ〉などのヒットを放ちます。そして、グループと並行してプロデューサーとしても、六〇年代のシカゴ・ソウルを一人で支えるかのような活躍を見せました。

　七〇年にインプレションズを脱退すると、カーティスは自らカートム・レーベルを設立し、ソロ・アルバムを発表しはじめます。

　彼のキャリアの大きなターニング・ポイントとなったのが、七二年の映画『スーパーフライ』のサウンドトラックでした。この頃、『黒いジャガー(シャフト)』を筆頭に、監督もキャストも黒人がつとめる映画がたくさん作られました。映画としてかなり低俗なものが多かったとも思う反面、白人と黒人の感覚や価値観の違いが理屈ぬきにとてもよく分かるので、興味深いものがあります。

『スーパーフライ』(「飛ぶ」とか「ハエ」のことではなく、当時の黒人のスラングで「超カッ

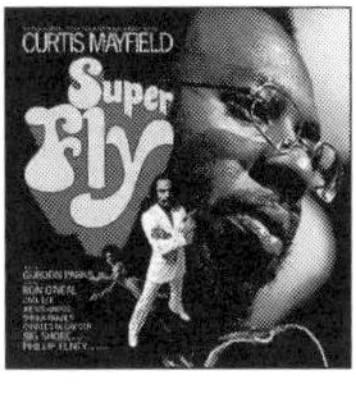

CURTIS MAYFIELD
"Superfly"

72年に発表された同名映画のサウンドトラック・アルバムです。タイトル曲と〈フレディーズ・デッド〉の2曲がトップ・テン入りする大ヒットとなりました。彼は映画を観ずに映画制作と並行して曲を作りましたが、効果的に麻薬ディーラーのゲットーの世界を淡々と表現し、あまり評判がよくなかった映画とは対照的にこちらは絶賛され、彼の代表作の一つにもなりました。　Curtom, 1972

コいい」という意味）はその代表的な作品で、映画、サントラ共に大ヒットとなりました。主人公はニュー・ヨークのコカインの売人ですが、その存在を否定も肯定もせず、客観的に描いた映画です。このアルバムはサウンドトラックとしてももちろん優れていますが、映画とまったく関係なくひとつの作品として聞いても、ストーリーのあるコンセプト・アルバムとして素晴らしいレコードです。

カーティス自身が書いた基本的なアレンジを、B・B・キングなどのレコードの編曲を手がけたジョニー・ペイトが譜面にしたもので、その独特のサウンドは七〇年代のソウルに大変な影響を与えました。カーティスのちょっと鼻にかかったファルセット・ヴォーカル、そして彼のギターもヴォーカルに似て、ワウワウをかけた「ふんにゃふんにゃ」といった感じの個性的なものです。リズムはコンガを前面に出し、都会的で洗練されたものでありながら、すごく「黒っぽい」サウンドを作りだしています。弦のアレンジも、六〇年代とは違い、サウンドを甘くするのではなく、逆に曲に緊張感を与えるような使い方が新鮮でした。

カーティスは『スーパーフライ』以降も、〈フューチャー・ショック〉というヒット曲の入った『バック・トゥ・ザ・ワールド』や、『ゼアズ・ノー・プレイス・ライク・アメリカ・トゥデイ』などの優れたアルバムを七〇年代に発表しています。前者のタイトルがヴェトナムからの帰還を意味することにも表われていますが、作品の多

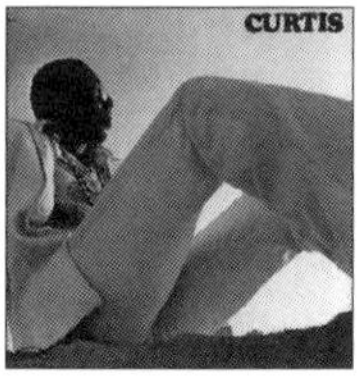

CURTIS MAYFIELD
"Curtis"

マーヴィンやスティーヴィよりも先に、自分で作曲しプロデュースした作品を70年にソロのデビュー作として放ったカーティスは、ラテン・パーカッションを多用したファンキーなメッセージ・ソングにオーケストラまで駆使して、それまでのソウルのイメージでは捉えきれない新たなサウンドを聴かせました。のちに大活躍するようになる彼の素質は、すでに現れています。 Snapper, 1970

くには社会的なメッセージが込められていました。

また、ソロ・アルバムに負けず劣らず好きなのが、彼がプロデュースしたほかのミュージシャンによるサントラ盤です。『スーパーフライ』が当たったおかげで、映画音楽のプロデューサーとして抜擢されて、たくさん手がけているのです。

グラディス・ナイト&ザ・ピップスの『クローディーン』、アリーサ・フランクリンの『スパークル』、ステイプル・シンガーズの『レッツ・ドゥー・イット・アゲイン』の三作などは、どれもイギリスでは公開されなかったけれど、レコードは絶対に持っていたい作品です。どれも彼が作曲、プロデュースをした上にギターも弾いていて、カーティスの味がじつによく出ています。彼の曲はワン・パターンといえばそうなのですが、すごくスタイルがはっきりしていて、コード進行が独特です。そして、ゴスペルの要素が強いのは、〈ピープル・ゲット・レディ〉や〈キープ・オン・プッシング〉などのインプレションズのナンバーでも明らかですが、ソロになってからは、そこにロックなどの要素をうまく加えて、カーティスならではの曲とサウンドを作りあげています。

七〇年代後半以降の作品には勢いが薄れたとはいえ、ずっと活動を続けていたカーティスに、一九九〇年に悲劇が起きます。ニュー・ヨークで演奏中に照明器具が頭の上に落ちてきて、首から下が完全にマヒしてしまったのです。それでも九六年にはス

NINA SIMONE
"Nina: The Essential Nina Simone"

レコード会社を渡り歩き、ジャンル的にはジャズもブルーズもクラシックもこなすニーナ・シモーンの音楽を1枚で味わうことは難しいですが、このベスト盤の選曲はかなり多岐にわたっています。見事なピアノと男の音域に近い低い声で、ラヴ・ソングを歌っても人種差別を真っ向から非難した〈ミシシッピー・ゴッダム〉を歌っても、彼女の音楽の説得力は変わりません。 Metro Music, 2000

タジオの床で寝ながら歌を録音した『ニュー・ワールド・オーダー』という優れたアルバムを制作しましたが、一九九九年、五十七歳で死去しました。

ドニー・ハサウェイ

ドニー・ハサウェイは、ぼくが黒人のシンガー・ソングライターの中でもっとも偉大だと思っている人ですが、この人もシカゴの出身です。カーティスに認められてカートムのスタッフに招かれたのをきっかけに、シカゴでセッション・ミュージシャン、編曲家として活動していました。

彼は中流階級出身のミュージシャンのはしりといえる人で、ワシントンDCの黒人大学であるハワード大学でクラシック音楽の勉強をしています。そのために、作曲の仕方が従来のソウルとはちょっと違っていて、コード進行などにはジャズの影響が強かったり、特定のジャンルにはまりにくい人です。それでも歌はすごくソウルフルで、ほかの黒人ミュージシャンからもとても高く評価されています。

大学の同窓生だったロバータ・フラックとのデュエットで、〈ウエア・イズ・ザ・ラヴ〉やキャロル・キングの〈ユーヴ・ゴット・ア・フレンド〉などのヒットもありますが、なんといっても七二年のライヴ・アルバム『ライヴ』が名作中の名作です。

DONNY HATHAWAY
"Live"

最高のライヴ・アルバムの1枚。マーヴィンの〈ウォッツ・ゴーイン・オン〉で始まるこのアルバムでは、観客の大合唱が感動的な〈ユーヴ・ゴット・ア・フレンド〉や、ジョン・レノンの〈ジェラス・ガイ〉といった素晴らしいカヴァーも聞けます。コーネル・デュプリー、ウィリー・ウィークスなど腕利き揃いのバックの演奏もたっぷりフィーチャーされています。
Atlantic, 1972

このアルバムはドニーの歌、演奏と同じくらいに観客の参加がすごい！〈ユーヴ・ゴット・ア・フレンド〉などはもう大合唱で、イントロを弾いただけで、客が「うわぁ〜〜っ」と歓声を上げるのを聞くと、鳥肌が立ってしまいます。今となっては懐かしいエレクトリック・ピアノも、ドニーが弾くとぞくぞくっとくるものがあります。

　プロデューサーのアリーフ・マーディーンは、ライヴ・レコーディングの当日、開場を待つファンが都会的で洗練された感じの黒人たちばかりだったことにビックリした、と語っています。それまでのR&B、ソウルとは違った新しいブラック・ミュージックとそれを支持する新しい層が生まれてきたんだな、と実感したようです。とにかく、このライヴ・アルバムを聞けば、ドニー・ハサウェイが七〇年代の新しい黒人音楽をリードしていくはずの人だったことは明らかです。

　ところが、ドニーは精神的に非常に不安定な人でした。七三年に『愛と自由を求めて（エクステンション・オヴ・ア・マン）』という、作曲家としての才能を見事に開花させた素晴らしいアルバムを出しながらも、その後の数年間は活動を停止してしまいます。ノイローゼで病院に入っていたらしいのです。七八年に再びロバータ・フラックのアルバムでデュエットを聞かせ、復活して良かったと喜んでいたところ、翌七九年にニュー・ヨークのセントラル・パークが見えるホテルから投身自殺してしまいました。

　ドニー・ハサウェイの歌というのは、男女の愛を歌っていても、神への愛や人類愛

DONNY HATHAWAY
"Extension Of A Man"

大学で音楽理論を学んでいたドニーはクラシックの手法も多用し、作曲家、編曲家としてその力を大きく発揮しました。ソウルの枠をうんと広げた作品ですが、それでもゴスペルに深く根ざした彼の感性が強く伝わってきます。ポップやブルーズのスタイルもあるので一体感には欠けますが、79年に亡くなった彼の最後のアルバムとして、目指していた方向性が想像できます。 Atlantic, 1973

といったもっと拡がりのある世界を歌っているような響きをもっています。また、社会意識も強く、黒人としてのアイデンティティを強く感じさせます。ボビー・ウォマックも取り上げた〈サムデイ・ウィール・オール・ビー・フリー〉などが良い例ですが、黒人であるということを、攻撃的ではなく、とても肯定的に歌った人です。ストイックながら明るい彼の歌はトンネルの向こうの遠い灯りをようやく見せてくれたかのようで、ほんとうに良い形でそれまでの伝統と新しい要素を混ぜ合わせていた人でした。つくづく、若くしての死が惜しまれます。

ボビー・ウォマック

ボビー・ウォマックはもともとサム・クックの弟子だった人です。ボビーが兄弟たちと組んでいたヴァレンティーノーズがサムに認められて、サムのサー・レーベルからレコードを出していました。当時の曲には、ローリング・ストーンズの最初のナンバー・ワン・ヒットとなった〈イッツ・オール・オーヴァー・ナウ〉やJ・ガイルズ・バンドが取り上げた〈ルッキング・フォー・ア・ラヴ〉などがあります。六四年のサムの死後にヴァレンティーノーズが活動停止したあとは、ボビーはウィルスン・ピケットのギタリストとして、ピケットと一緒にメンフィスやマスル・ショールズで

BOBBY WOMACK
"The Best Of 'The Poet' Trilogy"

81年に、しばらくヒット曲から遠ざかっていたボビー・ウォマックはＬＡに新しくできたインディ・レーベル、ベヴァリー・グレンと契約し、洗練された柔らかさが特徴の『ザ・ポエット』で話題を呼びました。84年の続編ではパティ・ラベルとのデュエット３曲やマーティン・ルーサー・キング牧師の演説をサンプリングした〈アメリカン・ドリーム〉が目を引きました。 Music Club, 2000

のレコーディングに出かけました。

ボビーがソロ・ミュージシャンとしてデビューするのは六七年。デビュー・アルバムはメンフィスのチップス・モーマンのスタジオで録音しました。ピケットのセッションで知りあったのでしょう、ウォマックとモーマンはとても気が合う良いコンビでした。

ボビーはまさにソウルフルな人なのですが、やはり六〇年代のソウルとは一線を画したところがあります。メンフィスやマスル・ショールズでも録音しているので、やはりカントリーの影響はありますが、リズムにはジャジーな面も見られます。そして歌のフレージングは、リズムに乗って弾むというよりも、ためこんだものを一気にはき出すといった感じの独特のものです。曲の中によく語りが入るのも特徴的だし、管や弦はふわ〜っとした柔らかい使い方をしました。ぼくはいつも彼を「ソウルのシンガー・ソングライター」と言うのですが、要するに七〇年代的な独自の道を歩んだ人です。

七五年まではコンスタントに水準の高いアルバムを出していたボビー・ウォマックですが、レーベルをユナイテッド・アーティスツからコロンビア、そしてアリスタへと移るうちに、作品の印象も変化していき、魅力が薄れていきます。状況的にもディスコの時代となって、彼の居場所がなくなってきたため、活動は低調になりました。

BILL WITHERS
"The Best Of Bill Withers"

70年代前半にゴスペルの影響強い〈リーン・オン・ミー〉などの自作曲で次々にヒットを飛ばしたビル・ウィザーズは、暖かくソウルフルな歌と、ギターを片手にしたフォーク・シンガー的雰囲気が同居した個性の持ち主で、いかにも70年代的な新しいタイプのソウル・シンガーでした。ここにはクルーセイダーズ、グローヴァー・ワシントン・Jr.との共演も収録されています。
Legacy, 2006

加えて、子供が亡くなったりという私生活の問題もあって、しばらく休業に入っていました。

ところがウォマックは、八一年に突然、ロス・アンジェレスのベヴァリー・グレンという極小インディー・レーベルから久々のアルバム『ザ・ポエット』を発表します。これが「往年のボビー・ウォマック復活！」と声をあげたくなるような作品で、見事ブラック・チャートで一位になりました。このアルバムのB面に組曲のように三曲のミディアムのナンバーが入っていますが、これがとても八〇年代の音楽とは思えないくらいソウルを感じさせる素晴らしいものでした。

次作の『ザ・ポエット2』も傑作で、パティ・ラベルとのデュエットや、マーティン・ルーサー・キングの有名な「アイ・ハヴ・ア・ドリーム」の演説を見事にコラージュした〈アン・アメリカン・ドリーム〉という曲が収められています。また、カントリーっぽい曲もあって、ソウルとカントリーの接点がよく分かるレコードでもあります。一九八七年のアルバムのタイトルで、自ら『ザ・ラスト・ソウル・マン』と名乗りましたが、現在もバリバリ活動を続ける数少ないソウル・シンガーの一人です。

DENIECE WILLIAMS
"This Is Niecy"

デニース・ウィリアムズはスティーヴィ・ワンダーのバック・ヴォーカリストとして70年代前半のアルバムとツアーに参加した後、EW＆Fのモリス・ワイトに認められ、77年にこのデビュー・アルバムを発表しました。EW＆Fのメンバーやその仲間の素晴らしい演奏に、デニースの幅広い音域を持った素見事なヴォーカルがのったこのアルバムは名盤です。

CBS, 1976

PLAYLIST

1	**What's Going On** ウォッツ・ゴウィン・オン	Marvin Gaye マーヴィン・ゲイ
2	**Mercy Mercy Me (The Ecology)** マーシー・マーシー・ミー	Marvin Gaye マーヴィン・ゲイ
3	**Inner City Blues** イナー・シティ・ブルーズ	Marvin Gaye マーヴィン・ゲイ
4	**Let's Get It On** レッツ・ゲット・イット・オン	Marvin Gaye マーヴィン・ゲイ
5	**Distant Lover** ディスタント・ラヴァー	Marvin Gaye マーヴィン・ゲイ
6	**I Want You** アイ・ウォント・ユー	Marvin Gaye マーヴィン・ゲイ
7	**After The Dance** アフター・ザ・ダンス	Marvin Gaye マーヴィン・ゲイ
8	**Trouble Man** トラブル・マン	Marvin Gaye マーヴィン・ゲイ
9	**You're The Man** ユア・ザ・マン	Marvin Gaye マーヴィン・ゲイ
10	**Superwoman (Where Were You When I Needed You)** スーパーウマン(ウェア・ワー・ユー・ウェン・アイ・ニーデッド・ユー)	Stevie Wonder スティーヴィ・ワンダー
11	**Girl Blue** ガール・ブルー	Stevie Wonder スティーヴィ・ワンダー
12	**Superstition** スーパースティション(迷信)	Stevie Wonder スティーヴィ・ワンダー
13	**Tuesday Heartbreak** チューズデイ・ハートブレイク	Stevie Wonder スティーヴィ・ワンダー
14	**Living For The City** リヴィング・フォー・ザ・シティ(汚れた街)	Stevie Wonder スティーヴィ・ワンダー
15	**He's Misstra Know It All** ヒーズ・ミストラ・ノウ・イット・オール(いつわり)	Stevie Wonder スティーヴィ・ワンダー
16	**Boogie On Reggae Woman** ブギー・オン・レゲェ・ウマン(レゲ・ウーマン)	Stevie Wonder スティーヴィ・ワンダー

17	**Love's In Need Of Love Today** ラヴズ・イン・ニード・オヴ・ラヴ・トゥデイ(ある愛の伝説)	Stevie Wonder スティーヴィ・ワンダー
18	**Sir Duke** サー・デューク(愛するデューク)	Stevie Wonder スティーヴィ・ワンダー
19	**I Wish** アイ・ウィッシュ(回想)	Stevie Wonder スティーヴィ・ワンダー
20	**Isn't She Lovely** イズント・シー・ラヴリー(可愛いアイシャ)	Stevie Wonder スティーヴィ・ワンダー
21	**To Be Young, Gifted And Black** トゥ・ビー・ヤング、ギフテッド・アンド・ブラック	Donny Hathaway ドニー・ハサウェイ
22	**What's Going On** ウォッツ・ゴウィン・オン	Donny Hathaway ドニー・ハサウェイ
23	**The Ghetto** ザ・ゲトー	Donny Hathaway ドニー・ハサウェイ
24	**Little Ghetto Boy** リトル・ゲトー・ボイ	Donny Hathaway ドニー・ハサウェイ
25	**You've Got A Friend** ユーヴ・ゴット・ア・フレンド(きみの友だち)	Donny Hathaway ドニー・ハサウェイ
26	**Valdez In The Country** ヴァルデズ・イン・ザ・カントリー	Donny Hathaway ドニー・ハサウェイ
27	**Someday We'll All Be Free** サムデイ・ウィル・オール・ビー・フリー(いつか自由に)	Donny Hathaway ドニー・ハサウェイ
28	**(Don't Worry) If There's A Hell Below We're All Gonna Go** (ドント・ワリー)イフ・ゼアズ・ア・ヘル・ビロウ・ウィア・オール・ゴナ・ゴー	Curtis Mayfield カーティス・メイフィールド
29	**Move On Up** ムーヴ・オン・アップ	Curtis Mayfield カーティス・メイフィールド
30	**Freddie's Dead** フレディーズ・デッド	Curtis Mayfield カーティス・メイフィールド
31	**Superfly** スーパーフライ	Curtis Mayfield カーティス・メイフィールド
32	**We Got To Have Peace** ウィ・ガット・トゥ・ハヴ・ピース	Curtis Mayfield カーティス・メイフィールド

七〇年代はロックと同じようにソウルもアルバムで聞かれるようになり、自作自演の歌手たちが主役になった時代です。モータウンの新時代を開いたマーヴィン・ゲイ①〜⑨とスティーヴィ・ワンダー⑩〜⑳をはじめ、それぞれのオリジナル・アルバムももちろんお薦めですが、ここでは特に好きな曲を選んでみました。

ドニー・ハサウェイ㉑〜㉗が短いキャリアのなかでいちばん本領を発揮したのは、やはり伝説のライヴ盤でしょう。最初に注目されたのはカーティス・メイフィールドの下で編曲などで起用された仕事でした。カーティスは歌手、演奏者、ソングライター、プロデューサーとしての才能を持っていたのに、編曲はほとんど他人に任せていたのが面白いところです。

カーティス自身の代表曲㉘〜㉞の後に入れたベイビー・ヒュイの〈ハード・タイムズ〉㉟は、作曲したカーティス本人のヴァージョンの数年前に発表されたものです。二十六歳でドラッグ関係の心臓発作で亡くなったベイビー・ヒュイは、のちにヒップホップ世代にもてはやされました。七一年に残した唯一のアルバムは、ドニー・ハサウェイが紹介したカーティスがプロデュースしたものです。

ビル・ウィザーズ㊱〜㊶こそソウルのシンガー・ソングライターと呼ぶべき人で、残念ながら本人は演奏活動からとっくに引退していますが、最近でも彼の名曲を取り上げる若い世代の歌手がいます。

スライ・ストーン㊷〜㊻は、のちにドラッグでぼろぼろになってしまいましたが、それにしても『暴動』と『フレッシュ』の二作は画期的な名盤です。『暴動』にギターで参加していたボビー・ウォマックはスライと一緒に一時期ドラッグに溺れ、本文では現役と書きましたが、その後病気を繰り返し、二〇一四年に七十歳で亡くなりました。ここでは彼の七〇年代前半の名曲を並べてみました㊼〜㊿。

一曲だけ大ヒットを飛ばした〝ワン・ヒット・ワンダー〟のふたり、ティミー・トマス㊾とウィリアム・ディヴォーン㊿に続いて女性シンガーたちを取りあげています。

ロバータ・フラックはドニー・ハサウェイの大学仲間で、二人のデュエットもいいですが、あえて彼

33	**Future Shock** フューチャー・ショック	Curtis Mayfield カーティス・メイフィールド
34	**Hard Times** ハード・タイムズ	Curtis Mayfield カーティス・メイフィールド
35	**Hard Times** ハード・タイムズ	Baby Huey ベイビー・ヒュイ
36	**Ain't No Sunshine** エイント・ノー・サンシャイン（消えゆく太陽）	Bill Withers ビル・ウィザーズ
37	**Lean On Me** リーン・オン・ミー	Bill Withers ビル・ウィザーズ
38	**Use Me** ユーズ・ミー	Bill Withers ビル・ウィザーズ
39	**Grandma's Hands** グランマズ・ハンズ	Bill Withers ビル・ウィザーズ
40	**Lovely Day** ラヴリー・デイ	Bill Withers ビル・ウィザーズ
41	**Kissing My Love** キシング・マイ・ラヴ	Bill Withers ビル・ウィザーズ
42	**Everyday People** エヴリデイ・ピープル	Sly & The Family Stone スライ＆ザ・ファミリー・ストーン
43	**Family Affair** ファミリー・アフェア	Sly & The Family Stone スライ＆ザ・ファミリー・ストーン
44	**Runnin' Away** ラニン・アウェイ	Sly & The Family Stone スライ＆ザ・ファミリー・ストーン
45	**If You Want Me To Stay** イフ・ユー・ウォント・ミー・トゥ・ステイ	Sly & The Family Stone スライ＆ザ・ファミリー・ストーン
46	**Que Sera Sera** ケ・セラ・セラ	Sly & The Family Stone スライ＆ザ・ファミリー・ストーン
47	**You're Welcome, Stop On By** ユア・ウェルカム、ストップ・オン・バイ	Bobby Womack ボビー・ウォマック
48	**Woman's Gotta Have It** ウマンズ・ゴタ・ハヴ・イット	Bobby Womack ボビー・ウォマック

女がデビュー・アルバムで歌ったイギリスのフォーク・ソング(54)を選んでみました。クリント・イーストウッド監督の映画『恐怖のメロディ』で使われたことがきっかけで大ヒットし、ソウルとは言いにくいですが、アフリカン・アメリカンの歌手がソウル・ミュージックの定義を広げ始めた例として面白いと思います。

　ルーファス(55)のシャカ・カーン(56)はロックもジャズも含め様々な影響を受けた人で、存在感は最初から強烈でした。ティーナ・ターナー(57)はデビューした六〇年ごろからすでにワイルドなイメージの人で、ぼくはフィル・スペクターがプロデュースした〈リヴァー・ディープ、マウンテン・ハイ〉で知りましたが、その数年後に出たCCRの〈プラウド・メアリー〉のカヴァーには参りました。「私たちは〝ナイス・アンド・イージー〟を好まない、むしろ〝ナイス・アンド・ラフ〟がいい」という彼女のコメントは今も名言だと思います。

　デニース・ウィリアムズ(58)(59)はスティーヴィ・ワンダーのバック・ヴォーカルを務めて注目された人。アース・ウィンド&ファイアーのモリス・ワイトがプロデュースした〈ディス・イズ・ニーシー〉での恐ろしく広い音域の声が印象的でした。

　そのEW&Fも七〇年代ソウルを代表するグループのひとつ。チャールズ・ステプニーが編曲した初期の作品が好きなので、そこから選びました(60)〜(63)。

　プリンスはソウルやファンクの名人たちの影響を受けつつ、ブラック・ロックのような新しい音楽を作っていきました。二〇一六年、五十七歳での死はあまりにもショッキングでした。ここではあくまで個人的に好きな曲を少し並べてみました(64)〜(70)。

　ビリー・プレストン(71)〜(72)は色々な人たちのバックでも光るキーボード奏者で、自身のヒット曲は少ないけれど愛すべきミュージシャンでした。彼が参加したアリーサ・フランクリンのフィルモア・ウェストでのライヴは七〇年代初頭の名盤中の名盤です(73)(74)。四枚組の完全版も大推薦。彼女がピークを迎えた七二年の(77)をはじめ、七〇年代の名曲をはさんで、最後はゴスペルのリストでもフィーチャーした(80)をアンコール！

49	**Harry Hippie** ハリー・ヒピー	Bobby Womack ボビー・ウォマック
50	**Lookin' For A Love** ルキン・フォー・ア・ラヴ	Bobby Womack ボビー・ウォマック
51	**I Can Understand It** アイ・キャン・アンダスタンド・イット	Bobby Womack ボビー・ウォマック
52	**Why Can't We Live Together** ワイ・キャント・ウィー・リヴ・トゥゲザー	Timmy Thomas ティミー・トマス
53	**Be Thankful For What You've Got** ビー・サンクフル・フォー・ウォット・ユーヴ・ゴット	William DeVaughn ウィリアム・ディヴォーン
54	**The First Time Ever I Saw Your Face** ザ・ファースト・タイム・エヴァ・アイ・ソー・ユア・フェイス（愛は面影の中に）	Roberta Flack ロバータ・フラック
55	**Tell Me Something Good** テル・ミー・サムシン・グッド	Rufus ルーファス
56	**Ain't Nobody** エイント・ノーボディ	Chaka Khan シャカ・カーン
57	**Proud Mary** プラウド・メアリ	Ike & Tina Turner アイク＆ティーナ・ターナー
58	**Free** フリー	Deniece Williams デニース・ウィリアムズ
59	**That's What Friends Are For** ザッツ・ウォット・フレンズ・アー・フォー（愛のハーモニー）	Deniece Williams デニース・ウィリアムズ
60	**Shining Star** シャイニング・スター	Earth Wind & Fire アース・ウィンド＆ファイアー
61	**That's The Way Of The World** ザッツ・ザ・ウェイ・オヴ・ザ・ワールド（暗黒への挑戦）	Earth Wind & Fire アース・ウィンド＆ファイアー
62	**Sing A Song** シング・ア・ソング	Earth Wind & Fire アース・ウィンド＆ファイアー
63	**You Can't Hide Love** ユー・キャント・ハイド・ラヴ	Earth Wind & Fire アース・ウィンド＆ファイアー
64	**Why You Wanna Treat Me So Bad?** ワイ・ユー・ワナ・トリート・ミー・ソー・バッド（つれない仕打ち）	Prince プリンス

65	**I Wanna Be Your Lover** アイ・ワナ・ビー・ユア・ラヴァー	Prince プリンス
66	**1999** 1999	Prince プリンス
67	**How Come U Don't Call Me Anymore** ハウ・カム・ユー・ドント・コール・ミー・エニモア（冷たい素振り）	Prince プリンス
68	**Take Me with U** テイク・ミー・ウィズ・ユー	Prince プリンス
69	**Kiss** キス	Prince プリンス
70	**Sign Of The Times** サイン・オヴ・ザ・タイムズ	Prince プリンス
71	**Outa Space** アウタ・スペース	Billy Preston ビリー・プレストン
72	**Will It Go Round In Circles** ウィル・イット・ゴー・ラウンド・イン・サークルズ	Billy Preston ビリー・プレストン
73	**Dr. Feelgood (live)** ドクター・フィールグッド	Aretha Franklin アリーサ・フランクリン
74	**Bridge Over Troubled Water (live)** ブリッジ・オーヴァ・トラブルド・ウォーター（明日に架ける橋）	Aretha Franklin アリーサ・フランクリン
75	**Day Dreaming** デイ・ドリーミング	Aretha Franklin アリーサ・フランクリン
76	**Rock Steady** ロック・ステディ	Aretha Franklin アリーサ・フランクリン
77	**Young, Gifted And Black** ヤング・ギフテッド・アンド・ブラック	Aretha Franklin アリーサ・フランクリン
78	**Until You Come Back To Me (That's What I'm Gonna Do)** アンティル・ユー・カム・バック・トゥ・ミー（ザッツ・ウォット・アイム・ゴナ・ドゥー）	Aretha Franklin アリーサ・フランクリン
79	**Something He Can Feel** サムシング・ヒー・キャン・フィール	Aretha Franklin アリーサ・フランクリン
80	**Mary, Don't You Weep** メアリ、ドント・ユー・ウィープ（マリアよ、泣くなかれ）	Aretha Franklin アリーサ・フランクリン

07

フィラデルフィア・ソウル

——都会育ちの黒人たち

キャメオ・パークウェイ

チャック・ベリーの名曲〈スウィート・リトル・シックスティーン〉に、「They'll be rockin' on "Bandstand," Philadelphia PA」（PAはペンシルヴァニア州のこと）という歌詞があります。ぼくはこの曲を幼い頃から聞いていたので、ディック・クラークが司会をしていたTV番組『アメリカン・バンドスタンド』のことを、知らないうちにフィラデルフィアという街の象徴のように思いこんでいたのですが、これが意外なことに正解でした。

アメリカの東岸、ニュー・ヨークとワシントンのあいだにある街フィラデルフィアは、黒人人口がかなり多い割にはリズム&ブルーズが育ちやすい環境ではありませんでした。ロックンロール時代のフィラデルフィアはなんといっても白人のポップ・ミュージック、それも低次元のアイドルものの名産地だったのです。ディック・クラークの全国放送のご当地番組があるのですから、この媒体を利用すればヒットの確率は高くなります。それで売れ線を狙ったものが多くなったのでしょう。

五〇年代後半から六〇年代にかけて、フィラデルフィアで勢力があったレコード会社はたったひとつ、キャメオ・パークウェイ（キャメオとパークウェイというふたつのレーベルを持った会社）だけでした。ここの趣味は良いとはとてもいいがたくて、ボビー・

ライデルなどに代表されるアイドル歌手と、時々に流行していたダンスものでヒットを出していました。代表的な曲にチャビー・チェッカーの〈ザ・トゥイスト〉がありますが、これもハンク・バラードというもっと硬派のR&B歌手のオリジナルを、水で薄めたようなカヴァー・ヴァージョンにして、全国の白人に受けたものでした。まあ、こう書いているぼく自身も、十歳の時には毎日チャビー・チェッカーの〈レッツ・トゥイスト・アゲイン〉で踊っていたのですが、「チャビー・チェッカー」という名前自体が「ファッツ・ドミノ」をくだらなくもじったものだと知ったときには、うんざりしたものです（chubby＝ぽっちゃり、チェッカーもドミノもゲーム類）。

ギャンブル&ハフとトム・ベルの出会い

ぼくがいくら今になって「趣味が悪い」と言ったところで、当時のキャメオ・パークウエイは会社としての勢いがあったし、なんといっても自社のスタジオを持っているという強みがありましたから、フィラデルフィアで音楽をやりたいという人はやはりここに集まってきました。のちに七〇年代フィラデルフィア・ソウルの生みの親であるケニー・ギャンブル、リオン・ハフ、トム・ベルの三人も、六〇年代半ばからキャメオで裏方の仕事をしていた人たちです。

ケニー・ギャンブルとトム・ベルは高校時代からローミオーズというグループを組んでいました。ベルがキーボードでギャンブルがヴォーカルだったローミオーズはやがてキャメオのハウス・バンドになり、そこで二人はリオン・ハフに出会います。ハフはニュー・ヨークでスタジオ・ミュージシャンをしていた男で、コースターズなどを手がけていたリーバー&ストーラーやフィル・スペクターとも仕事をしたことがあります。ギャンブルとハフは作曲家とプロデューサーのコンビを組み、ベルはアレンジャーとして働き始めました。

六〇年代半ばからヒット曲が底をつきはじめたキャメオ・パークウェイは、六八年につぶれてしまいます。そこで、ギャンブルとハフはギャンブル・レコードを設立して、イントルーダーズの〈カウボーイズ・トゥ・ガールズ〉などのヒットを放ったのに加え、ジェリー・バトラーの〈オンリー・ザ・ストロング・サヴァイヴ〉など他社からの依頼でプロデュースした作品で資金を稼いでいました。

いっぽうトム・ベルは、新レーベル、フィリー・グルーヴのプロデューサー、アレンジャーとなります。ここで彼が放った大ヒットが、デルフォニクスの〈ラ・ラ・ミーンズ・アイ・ラヴ・ユー〉です。クラシックの教育を受けて育った彼が本領を発揮した、木管系の楽器をフィーチャーしたやわらかなオーケストレイションが話題を呼びました。そんな具合に、ギャンブル&ハフとトム・ベルは次第に注目を集めていきます。

同時期に彼らの拠点となるスタジオが完成します。キャメオでずっとエンジニアをしていたジョー・ターシアがキャメオの一番最初のスタジオだったところを購入し、シグマ・サウンド・スタジオと名づけて自分の事業にしたのです。これ以降、ギャンブルらのセッションはすべてここで行なわれ、フィラデルフィア・サウンドとシグマ・サウンドはほとんど同じ言葉になります。このスタジオは、メンフィスのスタックス・スタジオやマスル・ショールズのフェイム・スタジオと肩を並べる存在となっていったのです。

フィラデルフィア・インターナショナル

そして七一年、ギャンブル&ハフはいよいよ彼らのヴィジョンを本格的に実現させるべく、フィラデルフィア・インターナショナル（PIR）というレコード会社を設立し、コロンビア・レコードと契約を結んで全米配給を開始します。これは当時としては驚くべきことでした。コロンビアといえば、アメリカのレコード業界のなかでも最も保守的で、R&B系のレコードには力を入れていない会社でした。ロック・ミュージシャンと多く契約して、コロンビアのイメージを変えつつあった社長のクライヴ・デイヴィスが、モータウンが切り開いたブラック・ミュージックのマーケットに可能性を見て取っていたのでしょうし、最初から幅広い層にアピールできるソウル・ミュージックの制作を目指したギャンブル&ハフとも思惑が一致したのでしょう。

最初のヒットであるオージェイズの〈バック・スタバーズ〉（作曲はギャンブル&ハフ、アレンジがトム・ベル）が出るまでに約一年がかかったものの、その後は全米ヒットが相次ぎ、六〇年代のモータウンに対して七〇年代のPIRと呼ばれるほどの存在になります。PIRを代表する歌手としては、オージェイズ、ハロルド・メルヴィン&ザ・ブルー・ノーツ、そのリード歌手でソロになるテディ・ペンダグラス、ビリー・ポール、スリー・ディグリーズ、イントルーダーズなどがいます。

そして〈「ソウル・トレイン」のテーマ〉のヒットで知られるMFSB。これはマザー・ファーザー・シスター・ブラザーの頭文字なのか、それともマザー・ファッキング・サノヴァビッチ（!）なのか、どちらにも取れる名前ですが、PIRのあらゆるプロダクションでバックをつとめた専属のバンドです。

洗練されたサウンド

フィラデルフィア・ソウルのサウンドの特徴は、非常にソフィスティケートされて、都会的なところにあります。トム・ベルはクラシックの教育を受けていますし、リオン・ハフはジャズの経験があり、ケニー・ギャンブルがR&B、ポップの経験者ということで、それらが反映されてのことでしょう。木管やヴィブラフォンの多用など、柔らかい洗練された音の楽器の使い方が非常に巧みです。

その洗練されたサウンドゆえに白人層にも受けたので、白人に媚びていると批判する人もいますが、ぼくにはR&Bの伝統を踏まえた上で作られた音楽だと感じられるし、実際にあの時代に最も黒人に愛されていたポップ・ミュージックだったと思います。デトロイトが生んだモータウンと同じように、北部の都会で育った黒人が身につけた都会的な感覚が自然に出てきたものなのでしょう。

PIRの代表、オージェイズ

PIRのグループの中で、ぼくが圧倒的に好きなのはオージェイズです。オージェイズとはまた変な名前だな、アイルランド系なのかな？　とずっと不思議に思っていたのですが、これは彼らの出身地クリーヴランドの人気ディスク・ジョッキー、エディ・オージェイが一時期パトロンになって、仕事を世話したりしていたので、彼の名前をもらったものだそうです。

O'JAYS
"The Ultimate O'Jays"

ポップなソウルで知られるフィラデルフィアでは珍しく、ゴスペル色の濃いエディ・レヴァートのリード・ヴォーカルをトレードマークとしたオージェイズは、比較的メッセージ性のある曲が多いのも特徴的でした。〈ラヴ・トレイン〉、〈世界に平和が訪れる時〉などのヒット曲は、シニカルになりがちな時代に肯定的な気分にさせてくれるものでした。

CBS, 2001

リード歌手はエディ・レヴァートというバリトンで、ゴスペル調のエモーショナルな良い歌い手です。ただし、彼は天才的な歌手というわけではないし、ハーモニー・グループとして飛び抜けているわけでもありません。リード・ヴォーカルとグループのバランスの良さが彼らの特質でしょう。

彼らの曲はすべてギャンブル&ハフが手がけていて、サウンドもＰＩＲの結晶だし、オージェイズには二人のヴィジョンの代弁者といった感があります。ＰＩＲの最初の大ヒットとなった〈バック・スタバーズ〉には本当に感激しました。いまだに何度聞いても飽きることはありません。

ほかにも、ゴスペルのパターンをポップにしたというか、〈ピープル・ゲット・レディ〉をアップ・テンポにしたような〈ラヴ・トレイン〉や、奴隷貿易のことを歌った十数分もある画期的な〈シップ・アホイ〉、アレンジが巧くて天気の良い日に聞きたくなる〈ユース・タ・ビー・マイ・ガール〉など、名曲が数多くあります。

スピナーズとスタイリスティクス

トム・ベルはプロデューサーの腕を買われて、ＰＩＲ以外でも多くのヒットを放ちました。その代表がスピナーズとスタイリスティクスです。

THE SPINNERS

“The Very Best Of The Spinners”

時期によってメンバーもサウンドも異なるスピナーズですが、これはフィリーピ・ウィンがリード・ヴォーカルだった黄金期のベストで、全曲トム・ベルが編曲、指揮、プロデュースしています。72年の〈アイル・ビー・アラウンド〉から始まって、〈マイティ・ラヴ〉などといった傑作が、ポップ・ソウルを極めたサウンドで楽しめます。

Rhino, 1993

スピナーズは六〇年代にはモータウンにずっと所属していたヴェテラン・グループですが、その間はまったく売れていません。モータウンを離れてアトランティックに移籍したときは、ちょうどトム・ベルが売れてきた時期だったので、アトランティックはスピナーズを彼に預けました。南部ソウルの章でも見てきたように、アトランティックは歌手とプロデューサーやスタジオを組み合わせる判断に優れていました。この組み合わせも大成功で、七〇年代前半にスピナーズがフィラデルフィアで作ったレコードは本当に素晴らしいものばかりです。リード・ヴォーカルのフィリーピ・ウィンという人がまた良くて、ゴスペルっぽい唱法なのですが、もっと柔らかくて洗練されています。サム・クックにもちょっと似た良さがあるのです。

スタイリスティクスは、六〇年代から別々のグループをやっていた人たちが集まって六八年に結成されました。サム・クックなどのプロデューサーを務めていたヒューゴウ&ルイージが社長だったアヴコに所属して、トム・ベルのプロデュースにより一連のヒット曲を作りました。ぼくはあまりソウルを感じないグループでしたが、それは好みの問題でしょうし、あの時代にはああいうロマンティックなものを聞きたいという人が多かったのでしょう。

THE STYLISTICS
"The Best Of The Stylistics"

70年代初頭に大流行したロマンティックなスウィート・ソウルを象徴するスタイリスティクスは、その道の天才的なソングライター／プロデューサー、トム・ベルの指導のもとで〈ユー・アー・エヴリシング〉などの大ヒットを連発しました。当時のぼくにはやや甘すぎましたが、歳をとると懐かしさの力も加わって、このサウンドの魅力は不思議と増してくるものです。
Spectrum, 1996

1	**Could It Be I'm Falling In Love** クッド・イット・ビー・アイム・フォーリング・イン・ラヴ(フィラデルフィアより愛をこめて)	Spinners スピナーズ
2	**One Of A Kind (Love Affair)** ワン・オヴ・ア・カインド(ラヴ・アフェア)(たわむれの愛)	Spinners スピナーズ
3	**Living A Little, Laughing A Little** リヴィング・ア・リトル、ラフィング・ア・リトル	Spinners スピナーズ
4	**Mighty Love** マイティ・ラヴ	Spinners スピナーズ
5	**Back Stabbers** バック・スタバーズ(裏切り者のテーマ)	O'Jays オージェイズ
6	**Love Train** ラヴ・トレイン	O'Jays オージェイズ
7	**For The Love Of Money** フォー・ザ・ラブ・オヴ・ マニー	O'Jays オージェイズ
8	**Use Ta Be My Girl** ユース・タ・ビー・マイ・ガール(愛しのマイ・ガール)	O'Jays オージェイズ
9	**You Make Me Feel Brand New** ユー・メイク・ミー・フィール・ブラン・ニュー(誓い)	Stylistics スタイリスティクス
10	**You Are Everything** ユー・アー・エヴリシング	Stylistics スタイリスティクス
11	**If You Don't Know Me By Now** イフ・ユー・ドント・ノウ・ミー・バイ・ナウ(二人の絆)	Harold Melvin & The Blue Notes ハロルド・メルヴィン&ザ・ブルー・ノーツ
12	**Wake Up Everybody** ウェイク・アップ・エヴリボディ(愛のめざめ)	Harold Melvin & The Blue Notes ハロルド・メルヴィン&ザ・ブルー・ノーツ
13	**Me & Mrs Jones** ミー&ミセズ・ジョーンズ	Billy Paul ビリー・ポール
14	**La-La Means I Love You** ララ・ミーンズ・アイ・ラヴ・ユー(ララは愛の言葉)	Delphonics デルフォニクス
15	**Cowboys To Girls** カウボイズ・トゥ・ガールズ	Intruders イントルーダーズ
16	**Hey, Western Union Man** ヘイ、ウェスタン・ユニオン・マン	Jerry Butler ジェリー・バトラー

七〇年代前半当時、フィラデルフィア・ソウルのヒット曲は毎日ラジオで流れていたものです。過去の洋楽があまり耳に入ってこない今、このリストの曲を懐かしく感じる人はそれほどいないかもしれませんが、ぼくは大学生だった頃で、これらの曲を聴くと、勉強しながらラジオを付けっぱなしにしていた日々が瞬時に思い出されます。

ビリー・ポールの〈ミー・アンド・ミセズ・ジョーンズ〉⑬という不倫バラードは、ぼくらの世代全員の脳裏に焼き付いていることでしょう。当時とくに好きでもなかったのですが、ＣＤガイドではなくプレイリストならこういう代表曲も紹介したほうがいいかなと思ったのです。

ゴスペルの香り高いフィリーピ・ウィンのヴォーカルが素晴らしかったスピナーズ①〜③、エディ・レヴァートのかすれた味わいの歌がたまらないオージェイズ⑤〜⑧、ぼくにとってフィリー・ソウルの魅力はこの二つのグループに尽きます。

スピナーズの③は、じつはエルヴィス・コステロが参加したジョン・ハイアットのヴァージョンのミュージック・ヴィデオを八〇年代にテレビ番組の『ポッパーズＭＴＶ』で紹介したことがきっかけで知った曲でした。

当時意識していなかったのは、多くのフィリー・ソウルの曲に社会的な訴えが込められていたことです。例えばハロルド・メルヴィン&ザ・ブルー・ノーツの⑫は、同志に対して「目を覚ましなさい」と呼びかけている曲ですし、オージェイズの⑦は金銭欲のために堕落する人たちの話です。

甘い感じのヴォーカル・グループをあまり好まないので、自分の番組でかけることはないものの、スタイリスティクスは間違いなくフィリー・ソウルを代表するグループです。ディスコの時代に入ると、彼らの〈ユー・アー・エヴリシング〉⑩などが日本で言う「チーク・タイム」の定番曲でした。

最後にデルフォニクス⑭とイントルーダーズ⑮の代表曲、最初期のインプレションズのリード・ヴォーカルだったジェリー・バトラーの六八年の大ヒット曲⑯を。ギャンブル&ハフがＰＩＲを始める前のものです。

08

ファンク、ロックとソウル

ファンクとファンキー

ソウル・ミュージックの「ソウル」を定義するのは至難の業です。それについて訊かれた黒人は、必ず「イッツ・ア・フィーリング」といった答えしか返してこないし、やはり音楽をたくさん聞いて感覚的に理解するほかはありませんね。

それと同じように、「ファンク」や「ファンキー」という言葉も、とても感覚的な英語で、日本語に訳すことはできません。音楽用語としてはファンクという名詞の方が新しくて、使われ始めたのは（といってもこうしたブラック・スラングとして生まれた言葉は、ぼくのような一般的な白人が知った頃には、ゲットーではとっくに廃れてしまっていることが多いのですが）七〇年代に入ってからだったと思いますが、ジャンルとしてのファンクの出発点は六〇年代半ばのジェイムズ・ブラウンのサウンドにあります。〈アイ・ゴット・ユー〉、〈パパのニュー・バッグ〉などがその教科書のような曲です。

不思議なことに、ジェイムズ・ブラウンはブラック・ミュージック全体の中で最もブラックな存在なのに、ファンクのリズムにはある種のロック的な要素をぼくは感じます。

これはとても説明しづらい感覚なのですが、たとえば代表的なファンク・ミュージシャンを並べてみると、スライ・ストーン、グレアム・セントラル・ステイション

WAR

"The Very Best Of War"

アニマルズを脱退後ＬＡにいたエリック・バードンのバックで活動していたウォーは早くに独立し、ソウル、ロック、ラテン、ジャズなどをミックスしたサウンドで〈スリッピン・イントゥ・ダークネス〉など多くのヒットを放ちました。リー・オスカーの異色ブルーズ・ハープをトレードマークとした彼らのサウンドはラテン・ファンクの草分けとも言えます。

Rhino, 2003

（スライのファミリー・ストーンでベースを弾いていたラリー・グレアムを中心とするバンド）、ニュー・オーリンズのザ・ミーターズ、アイズリー・ブラザーズ、ウォー、ジョージ・クリントン率いるパーラメント、ファンカデリックほかのPファンク集団、プリンス……だれをとってもロックの要素がかなり強く含まれている音楽を作る人たちです。

とはいえ、ファンクは間違いなく黒人の音楽だし、リズムの微妙なニュアンス（というかタメ具合とでも言うか）は、白人の文化にはないものなので、白人が本格的に演奏するのは難しい音楽です。

形容詞の「ファンキー」のほうはもっと古い言葉です。五〇年代後半から六〇年代前半のソウル・ジャズが「ファンキー・ジャズ」と呼ばれることからも分かるように、ファンキーという言葉は黒人生活のもっとも泥臭い部分を指します。もともとはおそらく匂いのことでしょう。体臭やセックスの匂いのことをなんでも「ファンキー・スメル」といいます。これ自体には良し悪しのニュアンスは含まれていませんが、七二年に撮影された映画『ワッツタックス』の中で、インタヴューに答えるワッツ（ロス・アンジェレスの黒人ゲットー）の住民の一人は、「最近いろいろとファンキーなこともあったな」とコメントしていて、明らかに悪い意味で使っています。

昔の「ファンキー」は南部の田舎での生活感を強く連想させるものですが（行った

THE J.B.'S
"Doing It To Death"

70年代初頭からＪＢはバックの人たちにもスポットを当てはじめ、ＪＢズのアルバムは５枚ほど出ました。その中でも最高なのがこれ！　のちにジョージ・クリントンのＰファンク軍団の要員にも（一時期）なったトロンボーンのフレッド・ウェズリーとアルト・サックスのメイシオ・パーカーより優れた管楽器のファンク・プレイヤーはこれからも生まれないでしょう。 People, 1973

ことないのに……!)、今の「ファンク」は極端に都会的な印象があって、そのあたり、ここ数十年の間に黒人が置かれている状況が大きく変わったことを感じさせます。

七〇年代のファンク・バンド

ブラック・ミュージックの基本的なリズム感は二拍目と四拍目を強調するものですが、ジェイムズ・ブラウンのファンク革命では一拍目に何よりも力を入れます。「オン・ザ・ワン!」とJBはよくバンドのメンバーに指示をしたのです。JBに教わった最も大事なことが「ザ・ワン」の重要性だと語ったのは、たしか後にジョージ・クリントンの様々なバンドでベースを弾いたブーツィ・コリンズだったと思います。普通に比べて二拍目と四拍目を強調しないのは、ファンクがグルーヴ中心の音楽だからでしょう。コードはあまり変化しませんし、長いソロもかなりあります。JBの音楽にはもともとジャズの要素がそれなりにありましたが、ファンク全盛時代の七〇年前後には、アルト・サックスのメイシオ・パーカーやトロンボーンのフレッド・ウェズリーといった優れた楽器奏者がいたので、彼らの力で強力なファンクの作品が次々と生まれました。

ジェイムズ・ブラウンのJBズが大活躍していた同じ七〇年代初頭には、ニュー・

KOOL & THE GANG
"Gangthology"

JBズと違ってジャズのサウンドからファンクに傾倒していったクール&ザ・ギャングは64年に結成。73年に発表した『ワイルド&ピースフル』には、〈ファンキー・スタッフ〉などの大ヒット曲があり、一躍人気グループとなりました。80年を境にポップな方向になりましたが、初期のライヴも含むこの2枚組を聴けば、彼らのユニークなアプローチがよく分かります。

Universal, 2003

ジャージー出身のクール&ザ・ギャングも評判になっていました。最初はジャズ寄りのアンサンブルを特徴としていた彼らは、七三年のアルバム『ワイルド・アンド・ピースフル』に収録されていた〈ファンキー・スタッフ〉や〈ハリウッド・スインギング〉を大ヒットさせます。その後おとなしくなって、七九年の〈セレブレイト〉で再び知られるようになったものの、ファンクの最先端を行っている時期があったグループでした。

ジャズ寄りのファンクで共通点があるのはロス・アンジェレスのウォーです。クールたちと同様に中心メンバーは六〇年代の前半から音楽活動をしていましたが、六九年に組むことになった元アニマルズのエリック・バードンにウォーという名前を与えられたのです。バードンとは七一年に離れ、独自の活動をするようになった彼らは翌年の〈オール・デイ・ミュージック〉と七三年のモンスター・ヒットとなった〈ザ・ワールド・イズ・ア・ゲットー〉で、デンマーク人リー・オスカーの一味違うブルーズ・ハープを大きな特徴にラテン風味の強いファンクの傑作を世に送りました。残念ながら七〇年代の後半にはもっとポップな方向に行きましたが、全盛期は右に出るものがない存在でした。

アース・ウィンド&ファイアー（EW&F）もまたジャズとラテンの要素を含んだファンクの名人でした。リーダーでドラマーのモリス・ワイトは六〇年代にはシカゴ

EARTH WIND & FIRE
"Essential Earth Wind & Fire"

70年代半ばに大人気グループだったＥＷ＆Ｆは、ふだんソウルを聴かないロック・ファンにもクロスオーヴァーしていた数少ないグループのひとつでした。個人的には彼らのいわゆるニュー・エイジ的な雰囲気にはついていけない部分もあったのですが、驚くほど多かったヒット曲が収められているこのベスト・アルバムを聴くと、改めてその勢いに脱帽してしまいます。 Sony, 2004

のチェス・レコードの多くの作品で起用されるスタジオ・ミュージシャンでした。六〇年代終盤にLAに移住し、EW&Fを始めましたが、最初はパッとせず、何度かメンバーの交代を繰り返したあと、ようやく七四年にヒットを出します。

そして七五年に『ザッツ・ザ・ウェイ・オヴ・ザ・ワールド』という映画のサウンドトラック・アルバム『暗黒への挑戦』が大当たり。メンバーが総出演したこの映画自体は音楽業界を題材としたB級作品で、不評に終わってしまいましたが、『暗黒への挑戦』がそのサウンドトラックだとは知らずに買った人が多かったかもしれません。

ハードなファンクもできる彼らは、どちらかといえば洗練された部分の方が元々大きかったかもしれませんが、スターになった後はフィリップ・ベイリーのファルセット・ヴォーカルを生かした甘めのバラードや、派手なエジプト風の衣装と宇宙船から下りてくるような舞台演出を全面に打ち出したディスコ風のサウンドに変わっていきました。

パーラメント／ファンカデリック

ここまで挙げたバンドはどれも七〇年代後半の軟弱化路線に乗っていったのですが、パーラメント／ファンカデリックは、衣装の奇抜さと宇宙船好きに関してはアース・

PARLIAMENT
"Funked Up: The Very Best Of Parliament"

宇宙船のイメージを好むあたりはアース・ウィンド&ファイアーと共通していますが、ジョージ・クリントン率いるパーラメントのファンクはEW&Fの洗練されたサウンドとは正反対の真っ黒なものでした。漫画っぽいキャラクターを使ったり、悪のりの面もありますが、彼らのずっしりとしたファンク・ビートは70年代半ばには無敵でした。
Spectrum, 2000

ウィンド&ファイアーに近い好みを持っていたとは言え、ずっと強烈なファンクを独自のユニークな感覚で作り続けました。

リーダーのジョージ・クリントンは一九四一年生まれで、まだ一〇代半ばだった五五年からザ・パーラメンツというドゥー・ワップのグループを始めましたが、六〇年代にはモータウンの活動を多少意識しながらバンドを維持し、六七年にはちょっとヒットしたシングルに恵まれました。レコード会社とのトラブルを理由に、六八年にバンド名をファンカデリックと改め、名前の通りファンキーでありながらサイケデリック・ロックの影響も強い（つまりきわめてドラッギーな）音楽を手がけるようになっていったのです。特にギタリストのエディ・ヘイゼルはジミ・ヘンドリックスからの影響を強く受けていました。

七〇年代初頭にクリントンのドゥー・ワップ時代からの仲間だったキーボード奏者のバーニー・ウォレルと、ティーネイジャーのときにＪＢズのメンバーとなっていたベースのブーツィ・コリンズが次々と加わり、Ｐファンク（ジョージ・クリントンのサウンドを総称してこう呼びます）の最も特徴的な要素が揃います。

どのグループ名で活動してもメンバーはほとんど変わりませんが、七四年にはパーラメントが復活し、ファンカデリックよりロック色が薄く、ミッドテンポの踊らずにはいられないファンク・グルーヴで、アフリカン・アメリカンの間では大人気を博し

FUNKADELIC
"The Best OF Funkadelic (1976-1981)"

メンバーは基本的にパーラメントと似ていますが、ファンカデリックはギターを強調したよりロック的なサウンドが特徴でした。サウンドはかなりとんがっていて、エディ・ヘイゼルのギターはジミ・ヘンドリックスをさらにラディカルなところまで押し進めた感じです。〈ワン・ネイション・アンダー・ア・グルーヴ〉はファンク好きのためのアンセムのような曲です。 Charly, 1994

ました。両方のグループが並行して活動をしていた七〇年代半ばの全盛期には、ＪＢ陣営から亡命してきたメイシオ・パーカーとフレッド・ウェズリーもＰファンク軍団のメンバーに加わっていました。再びレコード会社の問題などがあり、八〇年代以降はこれといった目覚ましい活動はありませんが、七〇年代後半のファンクを象徴する存在といえばパーラメント／ファンカデリックでしょう。

オハイオの二大バンド

オハイオ州デイトンにはＰファンクと少しだけつながりをもつ優れたファンク・バンドがふたつあります。

まずはオハイオ・プレイヤーズです。六〇年代から色々な名前で活動していた彼らは七〇年代初頭からタイトなホーン・セクションを武器にダンサブルでポップなファンク・サウンドを展開しました。またエロチックなデザインの一連のアルバム・ジャケットも、レコード店で見かけたら絶対に無視できないものでした。〈ファイアー〉、〈スキン・タイト〉、〈ラヴ・ローラーコースター〉などヒット曲が多かったのですが、七〇年代の終盤にはフェイド・アウトした感じがあります。

ちょうどオハイオ・プレイヤーズに代わるようなタイミングで同じデイトンから一

OHIO PLAYERS
“Greatest Hits”

話題を呼んだ一連の色っぽいジャケットのイメージを取り入れたこのベスト盤には、きわめて愉快なダンス・ミュージックがたっぷりと詰まっています。ファンクといっても、ＪＢのサウンドよりはロック的なビートが特徴で、むしろスライの影響が強く感じられます。パンチの効いたホーンのリフと踊らずにはいられないベース・ラインで文句なくゴキゲンです。

Universal, 1999

九八〇年に現れたのがザップでした。こちらはロジャー、レスター、ラリー、トーニーのトラウトマン家の四兄弟を中心にしたユニットで、オハイオ・プレイヤーズやPファンクをはじめとする七〇年代のファンク・バンドから影響を受けていましたが、彼らこそ自分たちだけの新たな特徴を強く持っていました。ロジャー・トラウトマンのリード・ヴォーカルにヴォコーダーという機材を使って機械的な処理を施したり、すでにディスコに使われていたまだ原始的なリズム・マシーンで二拍目と四拍目をこれでもかというほど強調した強烈なファンク・ビートを作り上げたのです。

一見テクノっぽくても、この上なく黒い雰囲気を持っていたザップの音楽にはブルーズやジャズ、ゴスペル、ドゥー・ワップなど、黒人のポピュラー音楽の歴史がすべて含まれていたので、斬新さと古典的なR&Bの味わいが同居して、ライヴはとりわけ楽しいものでした。

九〇年代まで、ロジャーのソロ作も含めてヒット曲が続きましたが、やや下火になっていた一九九九年に、地元のデイトンのスタジオ近くでラリーがロジャーを射殺し、自殺するというショッキングな報道がありました。その兄弟喧嘩を境にザップも消滅してしまったわけですが、あまりにももったいない結末に今も納得がいきません。

ZAPP & ROGER

“We Can Make You Dance: The Anthology”

ザップの中心人物ロジャー・トラウトマンは「トーク・ボックス」を駆使したヴォーカルが特徴で、ジョージ・クリントンなどの影響もありますが、ヒップ・ホップの一歩前に留まった強烈なグルーヴがあります。ドゥー・ワップの甘さとブルーズの辛さ、ゴスペルの高揚感が溶け合った、ブラック・ミュージックが決定的に変化していく前の最後の砦、という存在です。

Rhino, 2002

ファンクの新時代を築いたプリンス

七〇年代後半にデビューして、JB以降のファンクとブラック・ロックを十分に吸収したプリンスは、八〇年代に新たなシンセサイザー類を駆使してファンクの新時代を築いたといってもいいでしょう。露骨にセックスをテーマとした彼の世界には個人的について行けない面もありましたが、マルチ楽器奏者でもある彼の創造的な力量の大きさには脱帽してしまいます。『1999』や『パープル・レイン』が大当たりしていた八〇年代半ばにはマイケル・ジャクスンのライヴァルとして捉えられていたのですが、クインシー・ジョーンズの存在抜きには考えられないマイケルの『オフ・ザ・ウォール』や『スリラー』と違って、プリンスは独力で十二分に活躍できるミュージシャンです。ソングライターとしても、特に八〇年代に女性のポップ・シンガーに彼が提供した一連のヒット曲では驚くほどの才能を見せました。

またメロディック・ラップとでも言える傑作メッセージ・ソング〈サイン・オヴ・ザ・タイムズ〉にしても、ポップ・ファンクの名曲〈キス〉にしても、〈1999〉のシングルB面として発表されたピアノ弾き語りのゴスペル調バラード〈ハウ・カム・ユー・ドント・コール・ミー・エニモア〉（のちにアリーシャ・キーズのカヴァーで大きく注目されました）にしても、好調な時のプリンスは天才と呼ぶべきです。

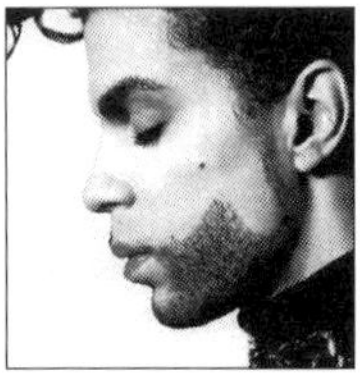

PRINCE
"The Hits / The B-Sides"
プリンスの並外れた才能はいまさら語るまでもありませんが、個人的には彼の音楽にはついていけない部分がかなりあります。それでも、この3枚組にはハイライトが多く、ソウルというジャンルでは括りきれない彼の音楽の幅の広さに圧倒されます。アリーシャ・キーズがカヴァーした〈How Come U Don't Call Me Anymore〉のピアノ弾き語りのオリジナルにはしびれました。 Paisley Park, 1993

ただ、天才の道程は時々荒れるものです。彼が初期から所属していたワーナー・ブラザーズが本人の望むペースでアルバムを発表してくれないなどのトラブルで両者の関係が悪化していき、プリンスは途中で「自分は奴隷だから」という理屈で本名でアルバムを出すのをやめてしまいます。その時期は訳の分からない記号を名前の代わりに使うようになって、「以前プリンスと呼ばれていたアーティスト」（TAFKAP）などと名乗っていました。ワーナーを離れた後は再びプリンスに名前を戻し、自身のNPG（ニュー・パワー・ジェネレイション）という制作会社でアルバムを作る度に配給会社を変えたりしますが、誰からも指図されずに音楽を作り続けています。

ファンキー・ジャズ

「ファンキー」という言葉が最初に流行ったのはジャズの世界だったわけですが、七〇年代には新たにソウル・ミュージックやJB以降のファンクの影響を受けたファンキーなジャズが目立つようになりました。その口火を切ったのが六〇年代の終盤に、当時付き合っていた女性、ベティ・メイブリーにジミ・ヘンドリックスやスライ・ストーンの音楽を聞かされて衝撃を受けたマイルズ・デイヴィスでした。その刺激を見事に消化して自分のものに変身させたマイルズの『イン・ア・サイレント・ウェイ』、

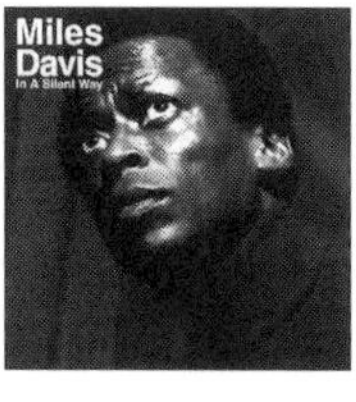

MILES DAVIS
"In A Silent Way"

電気楽器を用いて新たなサウンドを探り始めたマイルズは、この作品でそれまでの彼の音楽を知らなかったぼくの世代を一気に魅了しました。タイトル通りの静かなグルーヴが全体に漂い、ハービー・ハンコック、ジョー・ザヴィヌル、チック・コリアの3人が醸し出すちょっと不思議な響きと、そこに乗るマイルズの寂しげなトランペットにはやはりソウルを感じます。

Sony, 1969

『ビッチズ・ブルー』、『オン・ザ・コーナー』などの作品は「ジャズ・ロック」、「ジャズ・ファンク」などと形容されることがありますが、他のどのミュージシャンの音楽とも比較できないユニークなヴィジョンを持っているサウンドです。

マイルズと一緒にそのサウンドを築き上げた人たちも、どんどん新しい領域を開拓していきました。キーボードのジョー・ザヴィヌル（二〇〇七年に七十五歳で死去）とサックスのウェイン・ショーターはウェザー・リポートを結成、七一年から八五年まで活動を続けました。他のメンバーが何度も交代する度にグループのサウンドは徐々に変化していったのですが、七〇年代半ばの最もファンキーな時期の彼らはジャズ界以外にも大変な影響力をもっていました。

ウェイン・ショーターと共に、マイルズがファンクに目覚める前から彼のバンドのピアニストだったハービー・ハンコックは、七〇年代初頭からファンクやアフリカの音楽にも関心を持つようになり、七三年に彼が発表した『ヘッド・ハンターズ』は大ヒットとなりました。シンセサイザーやクラヴィネットなどの電子楽器を中心に作ったこのジャズ・ファンクの路線をハービーはしばらく追求し、『スラスト』、『マン・チャイルド』、『シークレッツ』と中身の濃い作品を次々と発表しましたが、やはり時代の傾向に逆らうことなく次第にディスコ調の軽薄なレコードを作るようになりました。その後アクースティックなジャズと最先端のテクノロジーを駆使した音楽の両方

WEATHER REPORT
"Mysterious Traveller"

マイルズのグループを卒業したキーボードのジョー・ザヴィヌルとサックスのウェイン・ショーターが中心となって結成されたウェザー・リポートは、70年のデビュー時から画期的な存在でしたが、超ファンキーなベーシスト、アルフォンソ・ジョンスンを加えた74年のこの５作目のアルバムで、ジャンルで括ることができない当時最先端のサウンドを作っていました。
Sony, 1974

を自分の好きなように演奏していますが、『ヘッド・ハンターズ』の冒頭を飾る曲〈カメレオン〉は、あれから三十年以上経っても多くのファンク・バンドの定番レパートリーになっています。

五〇年代からジャズの世界で活動していたトランペット奏者のドナルド・バードは、大スターというほどではなかったものの、コンスタントにレコードを発表し、高い評価も受けていました。エレクトリック時代のマイルズ・デイヴィスの影響を受けたアルバムを七〇年代初頭に作っていましたが、七二年の『ブラック・バード』という作品が化け物級のヒットとなります。

このアルバムをプロデュースしたラリーとフォンスのマイゼル兄弟は、モータウン・デビュー時のジャクスン・ファイヴのサウンドを構築した「ザ・コーポレイション」というチームのメンバーでしたが、ファンクというよりモータウンやフィリー・ソウルに近い軽いグルーヴの上にドナルド・バードのトランペットを乗せたサウンドは、まさに時代が要求していたものだったのでしょう。その印象的なジャケットのデザインにも助けられて、ジャズ・ファンに激しく非難されたにもかかわらず、ブルー・ノート・レーベル史上最高の売り上げを記録しました。続けて『ストリート・レイディ』などのアルバムを同じような雰囲気で制作したバードの、やはりジャズ以外への影響はかなり大きなものがありました。

HERBIE HANCOCK
"Head Hunters"

マイルズのエレクトリック時代に不可欠なメンバーとしてオーソドックスなジャズから外れた活動をしていたとはいえ、73年に出たこのアルバムでハービー・ハンコックはあらゆる音楽ファンに衝撃を与えました。ファンクとジャズが他の誰とも違う感性で融合され、アフリカ的なリズムも含んだサウンドは、このタイプの作品としては他と比べようがない最高傑作です。 Sony, 1973

また、ライヴで彼のバックを務めていた若いバンドはブラックバーズと名付けられ、彼らのレコードもジャズの影響を受けやすいファンクのミュージシャンに好まれました。

もうひとつ忘れてはならないのはクルーセイダーズの存在です。元々六〇年代初頭からジャズ・クルーセイダーズとしてLAを拠点に活動していたテキサス州出身のこのグループは、ブルーズ感覚の濃いモダン・ジャズを演奏していました。七〇年前後から少しずつソウルやゴスペルの要素を加えるようになり、七一年にグループ名をただのクルーセイダーズに改め、翌年に出したアルバム『1』に収録された〈プット・イット・ウェア・ユー・ウォント・イット〉は話題になりました。

このアルバムから参加した白人のギタリスト、ラリー・カールトンの存在が大きく、独特の明るさを持った彼のサウンドはとてつもなく大きな影響を及ぼすようになっていったのですが、彼が正式メンバーになったクルーセイダーズの七〇年代半ばまでのアルバムはどれをとっても素晴らしいノリのジャズ・ファンクです。カールトンは七六年に独立しましたが、残念ながらちょうどその頃からミュージック・シーンも変わり、クルーセイダーズも七〇年代後半の軟弱化に巻き込まれてしまいました。

〈プット・イット・ウェア・ユー・ウォント・イット〉は、七三年にスコットランド出身のソウル／ファンク・グループ、アヴリッジ・ワイト・バンド（AWB、「平均

DONALD BYRD
"Black Byrd"

すでにジャズの世界ではヴェテランのトランペット奏者だったドナルド・バードが73年にこのアルバムを出したときは、古いファンにはそっぽを向かれ、若い人に大歓迎されました。都会的で洗練されたR＆Bのこのサウンドは、のちにフュージョンと呼ばれるようになっていきます。プロデューサーはジャクスン・ファイヴの誕生に関わったラリー・マイゼルです。
Blue Note, 1973

的白人バンド」という名前がたまりません）がインストルメンタルだった原曲に歌詞を付けて、デビュー・アルバムで取り上げました。ヘロイン中毒から立ち直ったエリック・クラプトンの復帰コンサートの前座として注目されたＡＷＢは、七四年にアトランティック・レコードと契約し、アメリカでアリーフ・マーディーンがプロデュースした彼らの二作目のアルバムは大ヒットしました。シングル・カットされたインストルメンタル曲〈ピック・アップ・ザ・ピーセズ〉は一世を風靡《ふうび》したといってもいいほどです。他にもいい曲が多く、アラン・ゴリーとヘイミシュ・ステュワートという、それぞれ普通の音域とファルセットで歌う二人のヴォーカリストは、とても平均的な白人とは呼べない素晴らしくソウルフルなものを持っていました。次作『カット・ザ・ケイク』も名盤でしたが、七〇年代後半に入ると彼らも徐々に失速しました。

ロックからの影響：アイズリー・ブラザーズ

さて、ロックの影響を受けたブラック・ミュージックの代表的なグループといえば、まずアイズリー・ブラザーズの名前を思い浮かべます。五〇年代から活動してきた彼らの初期は兄弟三人のＲ＆Ｂコーラス・グループでした。最初の大ヒットは〈シャウト〉。ゴスペル大会といった趣のある素晴らしい曲です。一九八三年のジョン・セイ

THE CRUSADERS
"Scratch"

結成後10年ほど経った72年にブルー・サム・レーベルに移籍してからラリー・カールトンが脱退する70年代後半までは、クルーセイダーズはテキサス出身らしいブルーズの味が強く出たファンキーなサウンドを聞かせるグループでした。74年、ＬＡのロクシーで録音されたこのライヴはその最たるもので、ブルーズ、ソウル、ファンク、ジャズの良さが見事に共存しています。 MCA, 1974

ルズの映画『ベイビー・イッツ・ユー』にこの曲を使った車のシーンがあり、ごきげんなのでぜひ観て欲しいものです。

続いて〈トゥイスト・アンド・シャウト〉。ビートルズで有名な曲ですが、オリジナルはこのアイズリー・ブラザーズ。ゴスペル風のヴォーカルと、抑えたR&Bの音楽スタイルがまさに初期のソウルという感じで、血がさわぐ曲です。

六〇年代なかば、アイズリー・ブラザーズがモータウンに在籍していたときの曲〈ディス・オールド・ハート・オヴ・マイン〉は、ホランド＝ドージアー＝ホランドの曲のなかでぼくが一番好きなもののひとつです。このアップ・テンポの曲を、ロッド・ステュワートが一九七五年のアルバム『アトランティック・クロシング』で取り上げ、バラードに変えて歌っています。こちらもオリジナルと同様に素晴らしいです。

モータウンを離れたあと、彼らは自分たちのレーベル、T・ネックを作り、七一年に『ギヴィン・イット・バック』というアルバムを出します。このころには弟たちが加わって、リズム・セクション付きのヴォーカル・グループになっていました。「それを返す」というタイトルどおり、彼らが影響を受けたロックの名曲を、自分たちのブラック・ロックのスタイルでお返ししたもの。ジミ・ヘンドリックスの〈マシーン・ガン〉、スティーヴン・スティルズの〈ラヴ・ザ・ワン・ユア・ウィズ〉、ウォーの〈スピル・ザ・ワイン〉などが収録されています。

THE AVERAGE WHITE BAND **"Pickin' Up The Pieces: The Best Of Average White Band (1974-1980)"**

スコットランドからこんなファンキーな本格的ソウル・バンドが現れるとは誰が思ったでしょう。このベストのタイトルにもなっているインストの大ヒット曲が圧倒的に有名ですが、他にも優れた作品が多く、カヴァーの選曲も抜群です。演奏力も一流で、アラン・ゴリーのシャウトとヘイミシュ・ステュワートのファルセットという対照的なヴォーカルも特徴的です。

Rhino, 1992

ぼくがレコード店に勤めていた頃の七三年秋に発表された『スリー・プラス・スリー』からは、〈ザット・レイディ〉という大ヒット・シングルが出ました。ディスコに近いソウル・ミュージックですが、ジミ・ヘンドリックスの影響を感じさせるアーニー・アイズリーのリード・ギターをフィーチャーするなどロック色も強い曲です。ただし歌いまわしがゴスペル風という点では変わりません。

同じアルバムに入っているジェイムズ・テイラーの〈ドント・レット・ミー・ビー・ロンリー・トゥナイト〉は、テイラーが書いたとは思えないほどゾクゾクするソウル・バラードになっています。とにかく黒人音楽の中にあってユニークなサウンドを作っていたグループだといえるでしょう。しかし、七〇年代後半からハードなロックの要素が強まり、八〇年代に入るとディスコ風になってしまったので、ぼくは興味をなくしてしまいました。ソウルの時代が終わると同時にアイズリーの魅力もなくなった、ということかな。ぜひとも彼らが良かった時代の作品を聞いてください。

革命児ジミ・ヘンドリックス

六六年の暮れ、毎週楽しみにしていたテレビ番組『レディ・ステディ・ゴー!』でジミ・ヘンドリックスの演奏を初めて聞きました。このときのショックを表現する言

THE ISLEY BROTHERS
“It's Your Thing: The Story Of The Isley Brothers”

アイズリー・ブラザーズの半世紀に近い芸歴を、レーベルを超えて網羅したこの３枚組は素晴らしく充実したものです。ゴスペル色の濃い59年の〈シャウト〉から、ジミ・ヘンドリックスがバックで弾いていた60年代のロック寄りのソウル、モータウンでのヒット曲、そして集大成的な一連の傑作を放った70年代の黄金時代。ブラック・ミュージックの歴史を体現しています。 Collectables, 1995

葉をぼくは知りません。

演奏された曲は〈ヘイ・ジョー〉と〈ストーン・フリー〉の二曲だったと記憶していますが、これを機にジミはたちまち話題の人になります。当時十五歳だったぼくはブルーズを聞き始めたばかり。その二ヵ月ほど前にポール・バターフィールドのアルバムを買い、ジョン・メイオールのブルーズ・ブレイカーズやクリームでのエリック・クラプトンも気になる存在でした。

そのテレビ番組から二週間ほど後、ジミ・ヘンドリックスがマーキー・クラブに出演するというので、友人と一緒に出かけたときのことも忘れられません。入口前の長蛇の列、マーキーの収容人数の三倍ほどは入った客席。冬のロンドンは寒いので厚着していったのに、コートを脱ぐこともできません。そこへジミの音楽が発散する熱、熱、熱……。

マーキー・クラブを出ると、ぼくの中ではクラプトンといえども影の薄いものになっていました。子供じみた感想かもしれないけど、その日のぼくの正直な感想です。ジミのテクニックが特に優れていたといったことよりも、突拍子もないフレーズや恐ろしいほど破壊的なノリなど、聞き手の精神を動揺させるような衝撃が、クラプトンとはまったく違っていました。八八年に発売された『レイディオ・ワン』には、同じ時期にBBCラジオの三つの番組のために録音したライヴ・セッションが収められて

THE JIMI HENDRIX EXPERIENCE
"Axis: Bold As Love"

リトル・リチャードやアイズリー・ブラザーズでギタリストとしての経験を積んでからソロ・デビューしたヘンドリックスは、基本的に白人の領域だった60年代後半のロックに、スライ・ストーンと共にブラックな感覚を持ち込みましたが、同時に、彼の音楽は70年代以降のブラック・ミュージックにも相当の影響を及ぼしました。

MCA, 1967

いて、あのときぼくが観たマーキーの興奮に近いものを味わうことができます。

ジミ・ヘンドリックス以後、ブラック・ロックと呼ばれるカテゴリーが生まれます。六〇年代は「ロックの時代」だったと同時に「ソウルの時代」でもあったので、黒人ミュージシャンはだれでもソウルにジャンル分けされがちでした。ジミはそれを根底からひっくり返してしまった人です。

もともとはアイズリー・ブラザーズなどのR&Bやソウル・ミュージシャンのバックで弾いていたジミは、ニュー・ヨークのライヴ・ハウスでアニマルズのチャズ・チャンドラーに見出されました。その時ジミがどのような音楽をやっていたかは分かりませんが、たぶんロックの要素が強いものだったのでしょう。そうでなければチャズ・チャンドラーも注目しなかったはずです。

いずれにしてもソウルとかブルーズとかの意識とは別のところで音楽をやっていた人で、本当は何を目指していたのか、いまだによく分かりません。ただ確実に言えることは、彼の影響はスライ・ストーンやPファンク、プリンスなどの音楽に強く生きていることと、彼のような音楽をやれる人は決して長生きはできないということです。

CHIC

"The Very Best OF Chic"

70年代後半にディスコで大受けだったシック。最初は抵抗がありましたが、〈グッド・タイムズ〉で好きになりました。なんといってもバーナード・エドワーズの独特のベースとナイル・ロジャーズの歯切れ良いカッティング・ギターのからみのバランスが最高です。また、ホーン・セクションの替わりのような弦の使い方も面白い。

Rhino, 2000

正統派シック

ソウルにとっては砂漠の時代とでも言いたくなる七〇年代後半には、ふだんはディスコの代表的なバンドとして語られがちなシックが、じつはファンクをしっかりと継承していました。リーダー格のギタリスト、ナイル・ロジャーズは七〇年ごろからハーレムの有名なアポロ劇場のハウス・バンドで演奏し、ありとあらゆる黒人のミュージシャンのバックを務めながら腕を磨いていきました。

ベーシストのバーナード・エドワーズという理想的なパートナーと組んでからいくつかのグループで活動しましたが、一九七七年にアトランティック・レコードと契約してシックとしてデビューした途端に大ヒットを連発するようになります。ホーン・セクションの代わりにストリングズを使ったり、ソウルを思わせない抑揚のない女性ヴォーカルを起用したり、やはり表面的にはディスコ風に聞こえますが、ナイルとバーナード、そしてドラムズのトーニー・トンプソンの演奏を聞くと、正統派ブラック・ファンキー・ダンス・ミュージックそのものです。

こう書いているぼくも、最初は軽視していましたが、ある時珍しくディスコテックに遊びにいっていて、ちっとも踊る気にさせてくれるレコードがないとつまらながっていたら、シックの〈グッド・タイムズ〉がかかって、無意識のうちに踊りまくって

BARRY WHITE
"All-Time Greatest Hits"

あの巨体と嘘のように低い声でいやらしく囁くイメージで今一つ聴く気にならなかったバリー・ワイトですが、歌も実は味があるし、サウンド職人として素晴らしい才能を持っていた人です。編曲者ジーン・ペイジとのコラボレイションでオーケストラル・ソウルの定番を作ったと言っていいでしょう。一世を風靡した〈愛のテーマ〉などの傑作インストも収録されています。 Mercury, 1994

いたことがあります。一生忘れないほどいい気持ちでしたね。

その〈グッド・タイムズ〉のリフは七九年に出てすぐにシュガーヒル・ギャングの〈ラッパーズ・ディライト〉という曲で堂々と使われてしまって、まだジャンルとしては存在していなかったラップの最初の大ヒットとなりました。作曲クレジットはずいぶん後になってきちんとロジャーズとエドワーズの名前を反映するように改められました。そんなことを言えば、八〇年に発売されたクイーンの〈アナザー・ワン・バイツ・ザ・ダスト〉も、少なくとも権利の一部は譲るべきだと、ぼくは思います。

さて、シュガーヒル・ギャングの話が出たところで、ヒップ・ホップに触れなければなりませんが、その話は仕切り直すとして、シックは八〇年代に入ると売り上げが落ち、八三年に解散しました。その後ナイル・ロジャーズはソングライターやプロデューサーとして大活躍を続けます。九六年に東京で行なわれたトリビュート・コンサートで久々にバーナード・エドワーズと共演しましたが、その夜にバーナードは悲しいことに肺炎のためホテルの部屋で亡くなってしまいました。最近彼と非常に似たベースを弾くジェリー・バーンズのおかげでナイル・ロジャーズ＆シックは活動を再開し、全盛期に負けない楽しいライヴを行なっています。

STUFF
"Stuff!!"

60年代後半からＲ＆Ｂやポップの数々のアルバムにスタジオ・ミュージシャンとして顔を連ねたコーネル・デュプリー、エリック・ゲイル、リチャード・ティー、スティーヴ・ガッドなどがジャム・セッション的なノリで結成したスタッフは、一般的には注目されなかったものの、彼らが醸し出すグルーヴは格別でした。モントルー・フェスティヴァルのＤＶＤも必見です！

Warner, 1976

ゴー・ゴー

人口の七割以上が黒人というアメリカの首都ワシントンDCで、七〇年代から八〇年代にかけてシーンが活発になった「ゴー・ゴー」も、ラップのように長続きはしませんでしたが、面白い動きでした。基本になっていたのは、ジェイムズ・ブラウン流のファンク・ビートを、コンガなどのラテン・パーカッションを加えることによって、もう少しゆるくした感じで、ラップの影響も多少ありましたが、とにかく曲がみんな長くて、LPの片面が一曲ということも珍しくありませんでした。

ゴー・ゴーの元祖と言われたチャック・ブラウンは二度来日したのでコンサートを観ることもできましたが、曲が次から次へと変わっていっても、すべてが同じゴー・ゴー・リズムでつながっていくので、へたをすると全部がひとつの曲に聞こえてしまうほどです。ラジオではきわめて紹介しにくい音楽なので、それほど大きな流行にはならなかったのですが、ライヴで体験すると本当に素晴らしいノリがあって、これもまたソウルとのつながりを強く感じるスタイルでした。

MICHAEL JACKSON
"Off The Wall"

『スリラー』の方が圧倒的に有名ですが、個人的にはこのアルバムこそマイケルの可能性を感じさせるものでした。ロッド・テンパートンの曲はきわめてダンサブルなポップスとして完成度が高いし、クインシー・ジョーンズの音作りもとてもよく合っています。残念ながらこれがクリエイティヴな意味ではピークになって、この後は下降線をたどることになりましたが……。

Epic, 1979

1	**Cold Sweat** コールド・スウェット	James Brown ジェイムズ・ブラウン
2	**There Was A Time** ゼア・ワズ・ア・タイム	James Brown ジェイムズ・ブラウン
3	**I Got The Feelin** アイ・ゴット・ザ・フィーリン	James Brown ジェイムズ・ブラウン
4	**Say It Loud - I'm Black And I'm Proud** セイ・イット・ラウド、アイム・ブラック・アンド・アイム・プラウド	James Brown ジェイムズ・ブラウン
5	**Give It Up Or Turn It A Loose** ギヴ・イット・アップ・オア・ターン・イット・ア・ルース	James Brown ジェイムズ・ブラウン
6	**Get Up I Feel Like Being A Sex Machine** ゲット・アップ・アイ・フィール・ライク・ビーイング・ア・セックス・マシーン	James Brown ジェイムズ・ブラウン
7	**I Don't Want Nobody To Give Me Nothing (Open Up The Door I'll Get It Myself)** アイ・ドント・ウォント・ノーバディ・トゥ・ギヴ・ミー・ナッシング(オープン・アップ・ザ・ドア・アイル・ゲット・イット・マイセルフ)	James Brown ジェイムズ・ブラウン
8	**Super Bad** スーパー・バッド	James Brown ジェイムズ・ブラウン
9	**Soul Power** ソウル・パワー	James Brown ジェイムズ・ブラウン
10	**Hot Pants (She Got To Use What She Got To Get What She Wants)** ホット・パンツ(シー・ゴット・トゥ・ユーズ・ウォット・シー・ゴット・トゥ・ゲット・ウォット・シー・ウォンツ)	James Brown ジェイムズ・ブラウン
11	**Make It Funky** メイク・イット・ファンキー	James Brown ジェイムズ・ブラウン
12	**Talkin' Loud And Saying Nothin'** トーキン・ラウド・アンド・セイング・ナシング	James Brown ジェイムズ・ブラウン
13	**Down And Out In New York City** ダウン・アンド・アウト・イン・ニュー・ヨーク・シティ	James Brown ジェイムズ・ブラウン
14	**Get On The Good Foot** ゲット・オン・ザ・グッド・フット	James Brown ジェイムズ・ブラウン
15	**I Got Ants In My Pants (And I Want To Dance)** アイ・ゴット・アンツ・イン・マイ・パンツ(アンド・アイ・ウォント・トゥ・ダンス)	James Brown ジェイムズ・ブラウン
16	**The Payback** ザ・ペイバック	James Brown ジェイムズ・ブラウン

17	**Pass The Peas** パス・ザ・ピーズ	JB's JBズ
18	**Gimme Some More** ギミ・サム・モア	JB's JBズ
19	**Doin' It To Death** ドゥイン・イット・トゥ・デス	JB's JBズ
20	**Groove Me** グルーヴ・ミー	King Floyd キング・フロイド
21	**Love The One You're With** ラヴ・ザ・ワン・ユア・ウィズ	The Isley Brothers アイズリー・ブラザーズ
22	**That Lady** ザット・レイディ	The Isley Brothers アイズリー・ブラザーズ
23	**It's Your Thing** イッツ・ユア・シング	The Isley Brothers アイズリー・ブラザーズ
24	**Spill The Wine** スピル・ザ・ワイン	War ウォー
25	**Slipping Into Darkness** スリピング・イントゥ・ダークネス	War ウォー
26	**The Cisco Kid** ザ・シスコ・キッド	War ウォー
27	**Me And Baby Brother** ミー・アンド・ベイビー・ブラザー	War ウォー
28	**Funky Stuff** ファンキー・スタッフ	Kool & The Gang クール＆ザ・ギャング
29	**Up For The Down Stroke** アップ・フォー・ザ・ダウン・ストローク	Parliament パーラメント
30	**Give Up The Funk** ギヴ・アップ・ザ・ファンク	Parliament パーラメント
31	**P Funk (Wants To Get Funked Up)** Pファンク(ウォンツ・トゥ・ゲット・ファンクト・アップ)	Parliament パーラメント
32	**One Nation Under A Groove** ワン・ネイション・アンダー・ア・グルーヴ	Funkadelic ファンカデリック

さまざまなスタイルのファンクがありますが、すべての発端はジェイムズ・ブラウンにあると言っていいでしょう。彼の画期的なファンクが本格的に始まるのは六七年の〈コールド・スウェット〉あたりからです。それを筆頭に数々の名曲の中からファンキーな代表曲を並べました①〜⑯。ファンクの定義を時々訊かれますが、へたに説明するより、この一連の曲を聞いてもらえば分かるはずです。

本人名義のレコードの他に、彼のバック・バンドだったJBズの名曲も色々あり、その中からおまけに僕の好きな曲を追加しました⑰〜⑲。

七〇年に出たキング・フロイドの〈グルーヴ・ミー〉⑳も一種のファンク宣言のように響きます。この抵抗のしようがないビートを作ったのはニュー・オーリンズの名編曲家ウォーデル・ケゼールです。

アイズリー・ブラザーズの七一年のアルバム『ギヴィン・イット・バック』は、彼らが拝借したロックの曲をファンクに仕立て直すという面白い企画で、スティーヴン・スティルズの〈ラヴ・ザ・ワン・ユア・ウィズ〉㉑は定番になりました。名盤『3＋3』からの〈ザット・レイディ〉㉒では、ギターのアーニー・アイズリーが、ジミ・ヘンドリックスの蒔いたブラック・ロックの種をゴキゲンに発芽させています。

元アニマルズのエリック・バードンのバック・バンドとして始まったウォーは、アイズリー・ブラザーズもカヴァーしたヒット曲〈スピル・ザ・ワイン〉㉔のほか、ジャンルをまたいだ独特のサウンドを展開しました㉕〜㉗。ジャズ寄りの大所帯バンドとしてデビュー、のちにディスコ的なサウンドに変わったクール＆ザ・ギャングは、七三年のロック色が強いビートの〈ファンキー・スタッフ〉㉘を。

ファンクと言えばジョージ・クリントンを連想する人も多いでしょう。彼のふたつのバンド、パーラメントとファンカデリックのメンバーはほぼ同じで、どちらもSF的なイメージとぶっ飛んだユーモアを武器にしていましたが、パーラメントはソウルに近いファンクで、ファンカデリックはロックの要素が強いバンドでした。個人的にはパーラメントの方が

33	**Fire** ファイアー	Ohio Players オハイオ・プレイヤーズ
34	**Pick Up The Pieces** ピック・アップ・ザ・ピーセズ	Average White Band アヴリッジ・ワイト・バンド
35	**Work To Do** ワーク・トゥ・ドゥー	Average White Band アヴリッジ・ワイト・バンド
36	**Cut The Cake** カット・ザ・ケイク	Average White Band アヴリッジ・ワイト・バンド
37	**Put It Where You Want It** プット・イット・ウェア・ユー・ウォント・イット	Crusaders クルーセイダーズ
38	**Spiral** スパイラル	Crusaders クルーセイダーズ
39	**(Do You) Want Some Of This** ドゥー・ユー・ウォント・サム・オヴ・ディス	Stuff スタッフ
40	**How Long Will It Last** ハウ・ロング・ウィル・イット・ラスト	Stuff スタッフ
41	**On the Corner (Take 4)** オン・ザ・コーナー（テイク4）	Miles Davis マイルズ・デイヴィス
42	**Chameleon** カメレオン	Herbie Hancock ハービー・ハンコック
43	**Watermelon Man** ウォータメロン・マン	Herbie Hancock ハービー・ハンコック
44	**Good Times** グッド・タイムズ	Chic シック
45	**More Bounce To The Ounce** モア・バウンス・トゥ・ジ・アウンス	Zapp ザップ
46	**Doo Wa Ditty (Blow That Thing)** ドゥー・ワ・ディティー（ブロウ・ザット・シング）	Zapp ザップ
47	**A Touch Of Jazz (Playin' Kinda Ruff Part 2)** ア・タッチ・オヴ・ジャズ（プレイン・カインダ・ラフ・パート2）	Zapp ザップ
48	**I Heard It Through The Grapevine** アイ・ハード・イット・スルー・ザ・グレイプヴァイン（悲しいうわさ）	Roger ロジャー

好みだったことが選曲にも現れていますが、ファンカデリックの「グルーヴの下に一つの国家」㉜というのは素晴らしいタイトルでもあります。

オハイオ・プレイヤーズ㉝もクリントンとのつながりのあるバンドで、よりストレイトなサウンドでした。極端に色っぽいアルバム・ジャケットも大きな話題になりました。

ロック的な要素があっても、ファンクは基本的にブラック・ミュージックですが、白人の優れたファンク・バンドもあり、その最たるものはスコットランドの「平均的白人バンド」でした。定番インストルメンタルの大ヒット曲〈ピック・アップ・ザ・ピーセズ〉㉞の他、アイズリー・ブラザーズのオリジナルにも勝る〈ワーク・トゥ・ドゥー〉㉟とファンク大会の〈カット・ザ・ケイク〉㊱は外せません。

AWBのデビュー・アルバムにはクルーセイダーズの名曲〈プット・イット・ウェア・ユー・ウォント・イット〉のヴォーカル・カヴァーが入っていました。ここではそのオリジナル㊲と、ジャズ寄りの〈スパイラル〉㊳を聴いて下さい。ジャズの背景からファンクを取り入れた先駆的な存在でした。

スタッフは、ニュー・ヨークの辣腕スタジオ・ミュージシャンが集まったインストルメンタル・ファンク・バンド。本国よりも日本で人気がありました。その名デビュー盤から二曲㊴㊵を選びました。

ジャズが何を指すかが混沌としつつあった七〇年代前半にマイルズ・デイヴィスは『オン・ザ・コーナー』という問題作を発表し㊶、大変物議を醸しました。その直後にハービー・ハンコックが出したジャズ・ファンクの超名盤『ヘッド・ハンターズ』からも二曲。デビュー曲〈ウォータメロン・マン〉㊸がこうも生まれ変わるのかと狂喜したものです。

シックはディスコ的な曲も多いですが、〈グッド・タイムズ〉㊹はファンクの名演でもあり、また初期のラップにとって不可欠な一曲でした。

最後に、ファンクとヒップホップのつなぎとなったザップ（とロジャー）㊺〜㊽。テクノの要素を取り入れながらブラック・ミュージックの歴史を見事に反映させて、最高のダンス・サウンドにまとめたグループでした。

09

ディスコ・ブームと ソウルの死

サザン・ソウルの終焉

前にも触れたように七〇年代に入ると、ジャンルとしての南部ソウルは次第に終わりに向かっていきます。ひとつにはマーティン・ルーサー・キング牧師の暗殺をひとつの境い目として、白人と黒人の信頼関係が崩れていったことが大きかったのでしょう。また、ポピュラー音楽はもちろん、大衆文化はブームになりやすいものですから、一度盛り上がったものは絶対にいつか廃れていきます。南部ソウルはブームを狙ったものではなかったにせよ、たまたま時代とシンクロして広くみんなに受け入れられ、図らずもブームになってしまいました。となると、ブームのあとも生き続けていくためには変化していかなければなりません。

ですが、南部の人たちは頑固な性格で「これしか知らんから」という人たちが多いので、変化するのは難しかったと思います。もしも、オーティス・レディングが生きていたらまた違ったかもしれません。死ぬ直前のオーティスは確かにそれまでとは違う新たな方向に進もうとしていました。オーティスとキング牧師があのまま生きていたらどうなっていたかは、それぞれが想像を膨らませてみるといいでしょう。

モータウンは、変わっていくことによって生き延びました。六〇年代のような影響力は失ったけれど、レコード会社としてはヒットを出し続けていったのですから、その点ではロス・アンジェレスに本社を移したことも正解だったかもしれません。

ディスコの登場

七〇年代の初めに白人のロックの世界では、ジェイムズ・テイラー、キャロル・キング、ジョーニ・ミチェルなど、内省的なテーマの自作曲を歌うシンガー・ソングライターのブームが起こりました。マーヴィン・ゲイやスティーヴィ・ワンダー、ドニー・ハサウェイ……彼らもまたそれまでのソウルには無かった内省的な作品を歌いだした背景には、そんな時代の流れもありました。

やがて、ヴェトナム戦争がアメリカの敗北に終わり、ウォーターゲイト事件が起きるなどして、七〇年代半ばにはみんながかなりシニカルになっていきます。アメリカが一種の真空状態になり、現実的な問題はあまり考えたくない、単純に娯楽だけを与えてくれればいいという雰囲気が生まれていました。そこに、そんなムードにぴったりの、なにも考えずにただ踊ればいい、といわんばかりのディスコが登場します。

ディスコはどこから生まれてきたのでしょうか？

まず第一次ディスコテック・ブームはトゥイストが流行したときでした。チャビー・チェッカーがトゥイストものでヒットを連発した六〇～六一年頃のことです。

でも、これは短命に終わります。その後七〇年代前半、ちょうどフィラデルフィア・サウンドが話題になりつつある頃ですが、ニュー・ヨークを中心に黒人とゲイの人々が、それぞれに安い料金で音楽を聞きながら長時間踊れる場所を求め始めます。まだマイノリティだったゲイのクラブはバンドのギャラが払えないような非常に小規模のものでしたし、朝まででも自由に踊りながら音楽を聞けるところが必要とされたのです。ちょうどフィリー・サウンドがそのニーズに応えるものでした。

と、ここまではたんなる需要と供給の話にすぎません。需要があるから供給していたわけで、なにも問題はなかったのです。

ところが、いったんディスコというものが一人歩きすると、そこで受けるようなレコードを作ろうとする人間が出てきます。そうやって商売を考え始めると、人をのせるために曲を作るのではなく、休まずに踊らせるためにはどういう曲を作ったらいいか、という発想に変わってきます。そして、BPM（ビーツ・パー・ミニット）、つまり一分間に刻む拍数のことですが、これが一二〇前後だとちょうど心臓の鼓動に近くて気持ちがいいとされたので、だれもがこのテンポをもとに決めたフォーマットで音楽を作りはじめました。

ドイツのミュンヘンではジョルジオ・モローダーというプロデューサーがドナ・サマーなどを起用してヒットさせた、いわゆる「ミュンヘン・サウンド」が流行します。

また、大ヒット映画『サタデイ・ナイト・フィーヴァア』の影響もあってビージーズもヒットを連発、七八年に世界的なディスコ・ブームが起こります。

このディスコ・ブームがソウルの息の根を止めてしまうことになります。ディスコ・ミュージックといっても、たとえばビージーズはフィリー・ソウルの影響を受けているし、ミュンヘン・サウンドに代表されるシンセサイザーを用いたディスコ・サウンドはスティーヴィ・ワンダーの革新的なサウンドがなければ存在しなかったでしょう。ところが、ディスコがブームになると、ソウルのほうがディスコに色目を使いすぎてしまったのです。

ディスコという名のもとに括られる音楽の中には、個人的にわりと好きなものも、かなり少ないとはいえ、あります。バニー・シグラー、ファースト・チョイスなどのやはりフィラデルフィア系のものや、デビューした時のイーヴリン・〝シャンペイン〟・キングなどですが、のちのテクノ・ポップの悪い方の典型に直接つながる、あのグルーヴのないディスコ・ビートはソウルとはおよそ関係のないものです。

ところが、いつの時代も単純なほど音楽は売れるようで、七〇年代後半は世界的なディスコ・ブームとなってしまったわけです。ぼくには同時代の〝産業ロック〟（思い出したくもないので具体的なグループ名はあえて控えます）と同じ現象に思えるのです。つまり、完全な消費物としてのポピュラー音楽。もちろん、いつの時代にもこんなタイプの音楽はあったけれど、そんなふうに消費者に迎合する大手レコード会社に対抗して、インディーの連中が常に新しい音楽を（当然彼らも彼らなりに金を儲けようとはしていました……）どんどん提供するという状況でした。

インディー・レーベルの変質

そのインディーには、この本でも見てきたように、五〇年代にはスペシャルティ、サン、チェス、六〇年代にはアトランティック、スタックス、モータウン、キングなどの比較的大きな会社のほか、さらにはもっと小さな無数の零細レーベルも全国にちらばっていて、レコード業界のことなどほとんど分からないまま、とにかく好きなことをやり続けていたレーベルがたくさんありました。

それがたまにはヒットにつながり、またそのヒットが場合によって（前述の通り）破産につながることもありました。その危険を防ぐためには、ある曲が注目され始め、自社の手に負えないほどの数のレコードを短期間に製造しなければならないという圧力がかかってきた時に、自分たちよりも大きな会社に全国の配給権を渡すことが、今まで何度も見てきたように、いちばん賢いやり方でした。

たとえば初期（一九六七年まで）のスタックスのカタログが全部アトランティックの

所有物になったのは、このシステムのおかげでもあります。そのアトランティック・レコードはちょっと極端なほどの好例なので、詳しく跡をたどってみましょう。

二〇〇六年十二月に亡くなるまで会長を務め続けたアーメット・アーティガンらの趣味を反映する極小インディー・レーベルとして一九四七年に出発したこの会社は、五〇年代のリズム&ブルーズと六〇年代のソウルにおいて、おそらく世界一の宝庫といえるようなカタログを築きあげました。が、資本主義の国では必ず起きることだろうけれど、今度は買収の話になります。アトランティックの場合は、駐車場や葬儀屋（どこでもいつでも必ず繁盛する商売！）で巨大な富を築いていたキニー社に、まださほど大きくなかったワーナー・ブラザーズ・レコードと、きわめて趣味的なイメージのエレクトラ・レコードの二社と共に買い取られ、六九年にWEAという大手のレコード会社に（いきなり）仕立て上げられます。

WEAはのちにワーナー・コミュニケイションズ・インコーポレイテッドに改められ、世界の娯楽産業のなかでも有数の巨大多国籍企業の一部になりました。その後出版社のタイムと合併して、タイム／ワーナーに。そのタイム／ワーナーとインタネットのポータル・サイトAOLとの合併が最終的に失敗し、切り放されたワーナー・ミュージック・グループは二〇〇七年現在、インディーの大手レコード会社というちょっと分かりづらい存在になっています。

アーティガン会長も、彼とともにアトランティック・ソウルの中心人物の一人だったジェリー・ウェクスラーも、ともに自ら認めているように、今やポピュラー・ミュージックの古典となっているR&Bを作っていた頃は、レコード業界のことにはほとんど無知でした。試行錯誤をくり返しながら身に付けた商売のノウハウと、良い音楽を認める趣味の良さによって会社を拡大していったのです。南部の（つまり田舎の）黒人たちが作っていた音楽に目を向けたことと、北部の（つまり都会の）感覚でその音楽を世界の人々に聞かせることができたことが、彼らが成功した一番のカギだったかもしれません。

でも、南と北、田舎と都会、黒と白、それぞれの対照からはエネルギーが生まれると同時に摩擦も当然生じるわけで、色々と見てきたように、メンフィスやマスル・ショールズの人々との関係においては、ジェリー・ウェクスラーたちのニュー・ヨーク感覚はあまりうまく行かなかったようです。南部で仕事をすることがだんだんと面倒になってきたところへ、今度はキング牧師の暗殺やNATRAコンヴェンション事件（一一五〜一一六ページ参照）によって、音楽業界での黒人と白人の信頼関係がくずれていきます。

すでにかなりの業績を築きあげていたアトランティックは、その地位を維持しなければならないので、アラバマ州の田舎にこもってソウルやR&Bのヒット・シングルをこつこつと作るより、アルバムが大量に売れそうなヤング・ラスカルズやクロズビー・スティルズ&ナッシュ、またイギリスのレッド・ゼペリンやイエス等を相手にした方が無難だ、というふうに考え方を変えたとしても、それは無理もないことだったでしょう。

ソウル・ミュージックのパイオニア的存在だったアトランティックが徐々にR&Bから手を引き、多国籍企業の道を歩み始めたことは、ソウル・ミュージック全体に大きな影響を与えたはずです。七〇年代の半ば以降になるとブラック・ミュージック系の小さいレコード会社がどんどん大きい会社に吸収されたり、破産したりして、シーン全体から活気がなくなっていきます。

七〇年代後半からのパンク／ニュー・ウェイヴの動きによって無数のインディー・レーベルが生まれ、インディーズ・ブームと言われたのに対して、音楽業界全体の傾向としては大手の巨大化のほうが目立ちました。残る最大のインディーと言われていたモータウンでさえ、まず大手の配給下に入ったのちに、八八年にはついにMCAに買収されてしまいました。今はもう、他の零細インディーを引っ張っていくリーダー企業としての力はなくなっています。

マラコ・レコードの健闘

こうした動きは一種の新陳代謝なのかもしれません。インディーは何のために存在するかといったら、大手が最大公約数に向けて作るもの以外の、趣味で作った音楽を提供するためにあるわけで、あまりに大きくなってしまったら必然的にその機能を果たせなくなってしまうものです。

もちろん現在も好きな音楽だけを作ってがんばっているインディーは健在です。冒頭でも一度触れた、ミシシッピー州ジャクスンにあるマラコ・レコードは、四十年近くも地味な活動を続けている会社ですが、そのマラコが八四年に発売した中堅R&Bシンガー、Z・Z・ヒルの〈ダウン・ホーム・ブルーズ〉は、南部一帯でかなりのヒットを記録し、五十万枚以上売れるゴールド・ディスクとなりました。派手なプロモーションが展開されたのではなく、地元のラジオ局から人気が出たらしいけれど、ソウルともブルーズともいえない、よくあるパターンのこの曲がアピールしたファン層が南部に残る黒人の中年層であったことは面白いです。つまり彼らにとっては、自分たちに向けられていると思える新しい音楽はほとんどなくなっていたのです。

八〇年代になると黒人の中産階級化がいっそう進みますが、大都会に住んで、白人に近い生活をしている若い黒人サラリーマンたちには、田舎臭いZ・Z・ヒルなどよりジョージ・マイケル（!?）のレコードのほうがよほど魅力的に聞こえるでしょう。でも、南部に残った中年の人たちの生活、そして生活環境は昔とさほど変わっていないし、無理なく彼らの耳に入ってくる〈ダウン・ホーム・ブルーズ〉（故郷のブルーズという意味）は最高に心地良かったことでしょう。

誰にも予想できなかったこのZ・Z・ヒルのヒットのおかげで話題を集めたマラコには、長いことヒット曲にめぐまれていなかった実力派歌手が殺到しました。ジョニー・テイラー、デニース・ラサール、リトル・ミルトン、そして初期のソウル・シンガーたちの憧れの的だったボビー・ブランド……みんなそれぞれに水準の高いレコードを出し続けてはいますが、冒頭で書いたように、昔のようなスリルはもう感じられません。ただ、日本と違って古いレコードがコレクター向けに再発されることがあまりないアメリカで、マラコはこういう音楽を聞きたい南部の人々のニーズに応えているのです。

ちなみにマラコは八五年にマスル・ショールズ・サウンドのスタジオを買収しました。マラコの多くのレコードに参加しているスタジオ・ミュージシャンのなかにも、リック・ホールのフェイム・プロダクションの黄金時代を築いた名前がちらちら見えます。ある意味では初期のスタックスと同じように、地元の人たちがただ単に好きなことをやっているというイメージのレーベルではありますが、時代も変わってしまったことだし、もうクリエイティヴな意味でも商業的にも大きな広がりは望めないでしょう。

マイアミ・サウンド

一九七〇年代の初頭から半ばにかけて、ちょうどソウルがディスコに変わってゆく頃にマイアミでダンス・ミュージックのシーンが栄えました。これは基本的にヘンリー・ストーンという男を中心に発展したものでした。

ニュー・ヨーク出身のヘンリー・ストーンは、第二次世界大戦後にフロリダに移住してレコードの配給会社を設立しました。自分のレーベルもいくつか持ち、R＆B、ゴスペル、ブルーズの分野でいくつかのヒットも当てます。ジェイムズ・ブラウンとキング・レコードの間でもめ事が起きた時に、ＪＢのバンドのレコードを別名で出したというエピソードもよく知られています。

ストーンの会社はまた、アトランティックやスタックスなどのソウルのレーベルの配給を引き受け、彼らとも深い信頼関係を結んでいました。彼のレーベルで作ったベティ・ライトの〈クリーン・アップ・ウマン〉は、全国での販売をアトランティックに任せてヒットした曲です。

BETTY WRIGHT
"The Very Best OF Betty Wright"
ソウルの１つの拠点としてマイアミが注目されるきっかけを作ったのが、72年に大ヒットしたベティ・ライトの〈クリーン・アップ・ウマン〉でした。歯切れのいいギターのリフといかにもフロリダを思わせる明るいホーン・セクション、そして南部らしいディープな感じと同時に軽やかなベティのヴォーカルが素晴らしいです。
Rhino, 2000

しかし、七〇年代初頭にアトランティックとワーナー・ブラザーズ、エレクトラがひとつになってWEAという会社を作り、全国の配給を自社で行なうことが分かると、自衛作戦として新たにTKレコードという会社を興して配給も自力でやっていくことを決意します。TKの傘下にはいくつものレーベルがあり、ラジオ局にプロモートする時にはその方が便利だったわけですが、基本的にすべてヘンリー・ストーンが所有していました。それらのレーベルからティミー・トマスの〈ワイ・キャント・ウィー・リヴ・トゥゲザー〉、リトル・ビーヴァーの〈パーティ・ダウン〉、ジョージ・マクレイの〈ロック・ユア・ベイビー〉などのヒットが出ました。

〈ロック・ユア・ベイビー〉が出た時、ぼくはロンドンのレコード店で働いていましたが、イギリスではほとんど取引のない小さなインディーの会社が発売元だったので、営業マンが売り込みに現れても、ジョージ・マクレイというまったく無名の歌手のレコードにはなんの期待も寄せていませんでした。とにかく聞いてくれといわれ、シングル盤をターンテーブルに乗せて針を下ろすと、その非常に軽いけれどファンキーなダンス・グルーヴにぼくら店員はすぐに虜になってしまいました。店内でかければ必ず売れると確信し、かなりの枚数を仕入れましたが、案の定〈ロック・ユア・ベイビー〉は飛ぶように売れました。七四年最大のヒットのひとつにもなり、その結果ダンス・ミュージックの発信地としてのマイアミも大きく認識されました。

TIMMY THOMAS **"Why Can't We Live Together: The Best Of The TK Years 1972-1981"**

ティミー・トマスは何といっても唯一の大ヒットである72年の〈ワイ・キャント・ウィー・リヴ・トゥギャザー〉で知られていますが、本人のオルガンと原始的なリズム・ボックスだけというこの上ミニマルな作りのこの名曲は一家に一枚ものです。のちにシャーデーがデビュー・アルバムでカヴァーなどをしていますが、やはりオリジナルが最高です。

Stateside, 1998

ヘンリー・ストーンの一番のドル箱は、彼の配給会社の倉庫で働いていた二人の男、ハリー・ケイシー（KC）とリック・フィンチュの夜間ジャム・セッションから発展したKC&ザ・サンシャイン・バンドでした。〈ロック・ユア・ベイビー〉の作者でもある彼らの〈ゲット・ダウン・トゥナイト〉や〈ザッツ・ザ・ウェイ（アイ・ライク・イット）〉、〈シェイク・シェイク・シェイク、シェイク・ユア・ブーティ〉は初期ディスコを象徴するサウンドとなります。

八〇年代に入るとTKは下火になりましたが、ヘンリー・ストーンはその後も生き延び、二十一世紀に入ってもなおヴェテランとして活動を続けています。

KC & THE SUNSHINE BAND

"The Best Of KC & The Sunshine Band"

単なるディスコ・バンドとして蔑視されがちなのですが、初期はマイアミのファンキーな感じがカッコよかったグループです。マイアミ・サウンドを象徴するジョージ・マクレイの〈ロック・ユア・ベイビー〉を作曲したハリー・ケイシーとリック・フィンチュは裏方としても重要な存在ですが、とにかく理屈抜きで楽しいこの音楽で踊りまくればいい！

EMI, 2002

PLAYLIST

1	**Tighten Up** タイトン・アップ	Archie Bell & The Drells アーチー・ベル&ザ・ドレルズ
2	**Funky Nassau** ファンキー・ナソー	Beginning Of The End ビギニング・オヴ・ジ・エンド
3	**Clean Up Woman** クリーン・アップ・ウマン	Betty Wright ベティ・ライト
4	**Mr. Big Stuff** ミスター・ビッグ・スタッフ	Jean Knight ジーン・ナイト
5	**I Can Dig It Baby** アイ・キャン・ディグ・イット・ベイビー	Little Beaver リトル・ビーヴァー
6	**Rock Your Baby** ロック・ユア・ベイビー	George McCrae ジョージ・マクレイ
7	**That's The Way (I Like It)** ザッツ・ザ・ウェイ(アイ・ライク・イット)	KC & The Sunshine Band KC & ザ・サンシャイン・バンド
8	**(Shake, Shake, Shake) Shake Your Bootie** (シェイク・シェイク・シェイク)シェイク・ユア・ブーティー	KC & The Sunshine Band KC & ザ・サンシャイン・バンド
9	**Love's Theme** ラヴズ・テーマ(愛のテーマ)	Love Unlimited Orchestra ラヴ・アンリミテッド・オーケストラ
10	**Never Never Gonna Give Ya Up** ネヴァー・ネヴァー・ゴナ・ギヴ・ヤ・アップ	Barry White バリー・ワイト
11	**Hang On In There Baby** ハング・オン・イン・ゼア・ベイビー	Johnny Bristol ジョニー・ブリストル
12	**Armed And Extremely Dangerous** アームド・アンド・イクストリームリー・デインジャラス	First Choice ファースト・チョイス
13	**Shame** シェイム	Evelyn 'Champagne' King エヴリン・シャンペイン・キング
14	**Last Night A DJ Saved My Life** ラスト・ナイト・ア・DJ・セイヴド・マイ・ライフ	Indeep インディープ
15	**Boogie Oogie Oogie** ブギー・ウギー・ウギー(今夜はブギ・ウギ・ウギ)	A Taste Of Honey テイスト・オヴ・ハニー
16	**Young Hearts Run Free** ヤング・ハーツ・ラン・フリー	Candi Staton キャンディ・ステイトン

17	**Hot Stuff** ホット・スタッフ	Donna Summer ドナ・サマー
18	**I Will Survive** アイ・ウィル・サヴァイヴ	Gloria Gaynor グロリア・ゲイナー
19	**Don't Leave Me This Way** ドント・リーヴ・ミー・ディス・ウェイ	Thelma Houston テルマ・ヒューストン
20	**Car Wash** カー・ウォッシュ	Rose Royce ローズ・ロイス
21	**Disco Lady** ディスコ・レイディー	Johnnie Taylor ジョニー・テイラー
22	**Jive Talkin'** ジャイヴ・トーキン	Bee Gees ビージーズ
23	**Staying Alive** ステイン・アライヴ	Bee Gees ビージーズ
24	**Disco Inferno** ディスコ・インフェルノ	Trammps トランプス
25	**Celebration** セレブレイション	Kool & The Gang クール＆ザ・ギャング
26	**I Thought It Was You** アイ・ソート・イット・ワズ・ユー	Herbie Hancock ハービー・ハンコック
27	**Le Freak** ル・フリーク（おしゃれフリーク）	Chic シック
28	**We Are Family** ウィ・アー・ファミリー	Sister Sledge シスター・スレッジ
29	**Upside Down** アップサイド・ダウン	Diana Ross ダイアナ・ロス
30	**Don't Stop Till You Get Enough** ドント・ストップ・ティル・ユー・ゲット・イナフ（今夜はドント・ストップ）	Michael Jackson マイケル・ジャクスン
31	**Rock With You** ロック・ウィズ・ユー	Michael Jackson マイケル・ジャクスン
32	**Billie Jean** ビリー・ジーン	Michael Jackson マイケル・ジャクスン

今回の新版でプレイリストを設けることに決めたら、選曲がアルバム単位から解放されることになり、いちばん想像力が活発になったのはディスコかもしれません。アルバムで取り上げたいものはなさそうですが、曲単位では意外に楽しいものです。

〈タイトン・アップ〉①はディスコといっていいかどうか微妙ですが、踊るための曲に変わりはないので一つの出発点として入れました。珍しくバハマ諸島からのヒット曲〈ファンキー・ナソー〉②は熱帯ならではのノリ、このビートで踊るのが最高です。

同じく、いわゆるマイアミ・サウンドのベティ・ライト③、ジーン・ナイト④、リトル・ビーヴァー⑤（ジャコ・パストリアスのベースがゴキゲンです）も七〇年代前半の新しいグルーヴで軽く弾むところが心地よかったです。

同じくマイアミのジョージ・マクレイ⑥やKC&ザ・サンシャイン・バンド⑦⑧からはもう少し計算されたダンス・ビートのニュアンスが感じられますが、嫌みがなかったので、当時働いていたレコード店でかけるといつも店内が楽しくなったものです。

七四年、日本に来る直前にロンドンでラヴ・アンリミテッド・オーケストラ⑨⑩を率いるバリー・ワイトのコンサートを見ました。グルーヴが強烈で、巨漢のバリーが指揮する姿はそうとうカッコよかったです。その直後にディスコの時代に入るとソウル・ミュージックが追いやられることになるとは想像すらしませんでした。同じ頃に出たジョニー・ブリストルの〈ハング・オン・イン・ゼア・ベイビー〉⑪もよく似たノリで、シングルを買って聞いていました。

東京に来たあと、会社の出張で初めて行ったLAで、取引先の音楽出版社の女性から「今すごく話題になっているレコードがある。買っておくといいよ」と言われて、その日にタワー・レコードで買ったのがシルヴァー・コンヴェンションの〈フライ・ロビン・フライ〉ですが、聞いたのはせいぜい二回。一本調子のビートは堪えられませんでした。何かが本質的に変わったという意識をその時に持ったのです。シルヴァー・コンヴェンションはドイツのグループで、いわゆるユーロビート（まだその呼び方はない時代ですが）の元祖と見ていいでしょう。

どんなジャンルの音楽でも感性のいい演奏者やプロデューサーもいれば、低次元の一般受け狙いの曲しか作らない人もいるわけですが、ラジオでかかる曲のビートがどれも同じになったという印象を持ったので、嫌気がさしたのかもしれません。

でも、普通に聞いてつまらないと感じる曲でも、ディスコで踊りながら聞くと楽しくなる曲もあります。このリストの曲はラジオではかけないとしても、人が踊るところでＤＪをするならこういう曲を特集してみたくなりました。当時から〈シェイム〉⑬は好きでしたし、ドナ・サマーの〈ホット・スタッフ〉⑰は映画『ザ・フル・モンティ』の職安でのケッサク場面を見て一気に印象がよくなりました。

映画の力といえば、七七年の『サタデイ・ナイト・フィーヴァー』でよくも悪くもディスコが支配的な勢いを得ました。また、映画のサウンドトラックがあまりにも化け物的な売り上げを記録したため、レコード業界のバランス感覚が失われてしまいました。ディスコでなければ注目されないという実に面白くない時期がしばらく続きました。リストに入れたハービー・ハンコックの曲㉖はダンス・ミュージックとしてはいいけれど、画期的なファンクを展開していたハービーがここまで市場に歩み寄る必要があったか、今でも疑問に思います。

そんな時代の中で刺激的なサウンドを作ったのがシック㉗のナイル・ロジャーズでした。シック自身の他にシスター・スレッジ㉘や、ダイアナ・ロス㉙（アリーサ・フランクリンが拒否して、ダイアナに大ヒットをもたらしたのが興味深い）など、七〇年代終盤を象徴する作品がいくつかあります。

そしてマイケル・ジャクスンの『オフ・ザ・ウォール』から二曲㉚㉛。高級ディスコのようなアルバムですが、個人的にはマイケルのアルバムの中でダントツの出来だと思います。

ディスコに対して厳しいことを言うのはソウルの多様性を奪ってしまったからであって、それ以降の音楽業界がますます画一的になったのが残念です。とはいえ、このプレイリストはけっこう楽しいものだと思っています。

10

ヒップ・ホップの時代

ラップ／ヒップ・ホップの誕生

ニュー・ヨークに行ったこともなかったぼくにとって、ラップの誕生といえば一九七九年にシュガーヒル・レコードから発売されたシュガーヒル・ギャングの〈ラッパーズ・ディライト〉を指していたのですが、ずいぶん後になってヒップ・ホップ文化のルーツがそれよりかなり前に遡るものだと知りました。

ブロンクスなどで開かれていた屋外のブロック・パーティに、外で遊ぶためのお金がない住民が集まり、レコードをかけながら踊っていたわけですが、その原形は五〇年代からジャマイカで広まり生活必需品とも言えるほどになっていたサウンド・システムだったのです。のちにレゲェ界の大物プロデューサーに成長したサー・コクソンやデューク・リードも、最初はサウンド・システムを運営するディスク・ジョッキーでした。ニュー・ヨークにも多くのジャマイカ人の移民が暮らしていて、そのサウンド・システムの文化を子供の頃から知っている人も当然いました。

元祖ヒップ・ホップＤＪと呼ばれるクール・ハークは、まさにそんなジャマイカ人の一人でした。彼が初めてやったとされるのは、同じレコード二枚と二台のターンテーブルを駆使して、ダンス・レコードのドラム・ブレイク部分だけをつないだスペシャル・ヴァージョン（のちにブレイクビーツと呼ばれます）を作ったことです。これと

GIL SCOTT-HERON
"The Revolution Will Not Be Televised"

ジャズ・ファンク的な演奏をバックに元祖ラップともいえる詩を歌うように朗読するギル・スコット・ヘロン。70年代初頭にデビューした頃の彼の作品から編集されたこれをまず聴くべきです。〈革命はテレビで放送されないよ〉といった皮肉たっぷりの作品から、ストレイトなメッセージの〈セイヴ・ザ・チルドレン〉まで、画期的な活動をした人です。
Bluebird, 1988

ほぼ同時にブロンクスに住むアフリカン・アメリカンのグランド・ウィザード・シオドアはターンテーブルを逆回転させることによって、スクラッチの効果を偶然発見したと言われています。いずれも一九七五年頃の話です。

サウンド・システムのために作られたインストルメンタル・ヴァージョンをかけながら、DJがそのリズムに乗ってしゃべるジャマイカの「トースティング」と同じように、クール・ハークたちも踊り手を盛り上げるために、まだラップとも言えないしゃべりをしていたようですが、そのうちにDJがしゃべり専門の相棒を起用するようになります。

ラップという言葉自体は「話す」という意味で以前から使われていましたが、音楽用語に限定されるようになったのは八〇年代以降のことです。

〈ラッパーズ・ディライト〉は大ヒットとなり、同じ七九年にカーティス・ブロウの〈ザ・ブレイクス〉がゴールド・ディスクを獲得します。カッコいいもののこれといった内容のない〈ラッパーズ・ディライト〉と違って、〈ザ・ブレイクス〉はある程度社会的なメッセージを持っていました。初期のラップにはこういった作品がいくつかあり、その最たるものは一九八二年のグランドマスター・フラッシュ＆ザ・フューリアス・ファイヴの〈ザ・メセッジ〉でしょう。ゲットー生活のドキュメンタリーといえるような強烈な描写を羅列したこの曲は、ラップの最高傑作ではないかと

GRANDMASTER FLASH & THE SUGARHILL GANG

"The Message: The Best Of Grandmaster Flash & The Sugarhill Gang"

82年に発表されたラップの最高傑作〈ザ・メセッジ〉がなかったら、今日のヒップ・ホップの隆盛はない、と言えるくらいの影響力を持つグランドマスター・フラッシュ。ぼくのような白人が絶対に覗くことができないゲットーの生活を、ドキュメンタリーのように見せてくれる衝撃的な作品でした。ラップの初ヒット曲〈ラッパーズ・ディライト〉なども収録しています。 BMG, 2002

ぼくは思います。ちなみに、〈ザ・メセッジ〉は、ニュー・ヨーク近辺だけで数十万枚売れたときますが、そのすべてが黒人市場の中だけでの売上げだったので、全国チャートを集計するレコード店とラジオ局の調査にはまるで反映されなかったのです。

グランドマスター・フラッシュの前年のヒット曲〈ジ・アドヴェンチャーズ・オヴ・グランドマスター・フラッシュ・オン・ザ・ウィールズ・オヴ・スティール（鉄輪＝ターンテーブルに乗ったGFの冒険）〉では、シック、ブロンディ、クイーンのヒット曲のフレーズを実質的に初めてサンプリングして使用し、きわめて大きな一歩を踏み出しました。

先に書いたように〈ラッパーズ・ディライト〉でもシックの〈グッド・タイムズ〉のリフが使われていて、ほぼそっくりに聞こえますが、こちらではじつはスタジオ・ミュージシャンが同じフレーズを再現していました。シックのナイル・ロジャーズは〈ラッパーズ・ディライト〉を初めて聞いた時、「一瞬バーナード・エドワーズの演奏かと思ってびっくりしたが、微妙に違うリズムのニュアンスにすぐ気がついた」と語ってくれました。

ちなみに初期のシュガーヒル・レコードの作品のバック・バンドを務めていたミュージシャン（キーボードのキース・ルブラン、ベースのダグ・ウィンビッシュ、ギターのスキップ・マクドナルド）は皆優れた感覚の持ち主で、のちにタックヘッドという名前で活動をしたこともあり、最近ではリトル・アックスとしてヒップ・ホップ／ダブ感覚のブルーズを演奏しています。彼らの見事にファンキーな演奏によってグランドマスター・フラッシュたちなども支えられていました。

アフリカ・バンバータ

グランドマスター・フラッシュはＤＪで、彼のグループにはメイン・ラッパーとしてメリ・メルがいましたが、彼らのレコードもシュガーヒルのミュージシャンたちが支えていました。例えばコカインをテーマとした〈ワイト・ラインズ〉では電子的な音もかなり使われています。

しかし、初期のラップにテクノの要素をふんだんに取り入れたのは、トミー・ボイという新しいレーベルからデビューしたアフリカ・バンバータでした。フラッシュと同様に彼も七〇年代からブロンクスのシーンで活動していましたが、八二年に大きな話題となった彼の〈プラネット・ロック〉と〈ルッキング・フォー・ザ・パーフェクト・ビート〉のサウンドは明らかにそれまでにはないものでした。ジェイムズ・ブラウンと共演までしたバンバータは、ドイツのクラフトワークや日本のＹＭＯを大好きだったらしく、彼の試み以降ヒップ・ホップはますます機械的なノリに変わっていく

V.A.
"The Tommy Boy Story Vol.1"
グランドマスター・フラッシュと同時期にヒップ・ホップの下地を作ったのが新たにできたインディ・レーベル、トミー・ボイの活動でした。特に〈プラネット・ロック〉などで12インチ・シングルが大ヒットしたアフリカ・バンバータの存在が大きく、クラフトワークやＹＭＯからも影響を受けた彼を通じてブラック・ミュージックが間接的に国際化したと言えるでしょう。 Tommy Boy / Rhino, 2006

のです。

非常に皮肉なことに、当時ＹＭＯ所属事務所の社員だったぼくは、毎日の仕事でテクノを聞いていたにもかかわらず、基本的にそのノリが自分の身体には合わず、バンバータ以降のヒップ・ホップにはだんだん興味を持てなくなりました。

そしてもうひとつ皮肉なことがありました。八三年にロス・アンジェレスで矢野顕子のレコーディングを終えたあと、生まれて初めてニュー・ヨークを訪れました。そして到着したその日の夜、音楽業界で働く友達の案内で、ニュー・ヨークで初めて開かれたヒップ・ホップ専門クラブのオープニングに連れていかれたのです。

ただ、旅の疲れと、クラブが位置するロワー・イースト・サイドが当時持っていた極度にヤバい雰囲気にまいってしまって、歴史的な瞬間を満喫する気分には残念ながらなれませんでした。

市民権を得たヒップ・ホップ

その頃からヒップ・ホップという言葉が一般的に飛び交うようになりましたが、そのサウンドを他のジャンルに取り入れる実験にいち早く取り組んだのは、ベーシストとしても活動していたプロデューサー、ビル・ラズウェルでした。フランスのレーベ

HERBIE HANCOCK
"Future Shock"

ヒップ・ホップの人気が一般的になり始めた83年にハービー・ハンコックは早くもそのシーンで大活躍していたビル・ラズウェルをプロデューサーに迎え、このアルバムで賛否両論を巻き起こしました。マネキンのような不気味なロボットがブレイク・ダンスするゴドリー＆クレムの有名なヴィデオも、ＭＴＶで集中的に放送され、テクノの世界的普及に貢献しました。
Sony, 1983

ル、セリュロイドからラテンやジャズの要素も持った斬新なレコードをすさまじい勢いで発表していた彼の人脈からは、最初の「ターンテーブル・アーティスト」として話題を呼んだグランドミクサーDXTが現れました。彼の技が最も印象的にフィーチャーされたレコードは、おそらくハービー・ハンコックの八三年の大ヒット曲〈ロキット〉でしょう。

八三年にはラズウェルと同じく白人のリック・ルービンがプロデューサー活動を開始します。彼は楽器の演奏はまったくできませんが、ニュー・ヨーク大学の学生だった時に、寮の部屋をオフィス代わりにして、のちにヒップ・ホップ文化を象徴することになるレーベル、デフ・ジャム・レコーディングズを八四年に設立します。黒人のラセル・シモンズと二人で経営するこのレーベルは、LL・クール・JやランDMCなどを世に出し、成長していきました。

八六年には、ルービンの提案でランDMCとエアロスミスが共演して作った〈ウォーク・ディス・ウェイ〉が大ヒットします。これをきっかけにアメリカ音楽界のメインストリームでラップが市民権を得たと言ってもいいと思います。〈ザ・メセッジ〉の頃のブラック・ミュージックは、当時生まれたばかりのMTVからは、マイケル・ジャクスンという唯一の例外を除けば締め出されていましたが、エアロスミスのスティーヴン・タイラーとジョー・ペリーが出演した〈ウォーク・ディス・ウェ

ARRESTED DEVELOPMENT
"Best OF Arrested Development"

メロディの要素がほとんど消えていた90年代初頭のヒップ・ホップ界に突然現れたアレステッド・デヴェロプメントは実に新鮮でした。おちゃめなラップのようなヴォーカルにはユーモアも感じられ、ソウルやレゲェからの影響も独特の味わいを与えました。〈テネシー〉、〈ピープル・エヴリデイ〉などのヒット曲はどれも強力なデビュー・アルバムに収録されていました。
Chrysalis, 1998

イ〉のヴィデオ・クリップがMTVのヘヴィ・ローテイションに入ったことの意味はきわめて大きなものでした。

その後リック・ルービンが発掘した白人のビースティ・ボイズも大成功し、リック・ルービン自身は様々なジャンルで大変な影響力を持つプロデューサーになりました。この原稿を書いている二〇〇七年の時点では、インディーでのやり方をまったく変えないまま、大手レコード会社ソニーが持つコロンビア・レーベルのCEO（最高経営責任者）を務めています。

個人的には機械的なノリが生理的に苦手なのと、ヒップ・ホップからメロディの要素がほとんどなくなったこと、ラッパーたちの態度が極度に挑発的になったこと、歌詞が暴力中心になったことなどなど、ラップには聞く気になれない要素が色々あって、八〇年代半ば以降はここでなにかを語れるほどには聞いていません。ですから、ヒップ・ホップの話はここまでとしますが、もちろん完全に否定するわけではありません。アフリカン・アメリカンの表現の手法という意味では、ヒップ・ホップがリズム&ブルーズの延長線上にあることは確かです。ソウル・ミュージックが育まれたアメリカの差別だらけの黒人社会から生まれた音楽文化であることは間違いのないことで、もっと人間的な余裕のある音楽が生まれるためには、かなり大きな社会の変化が必要でしょう。

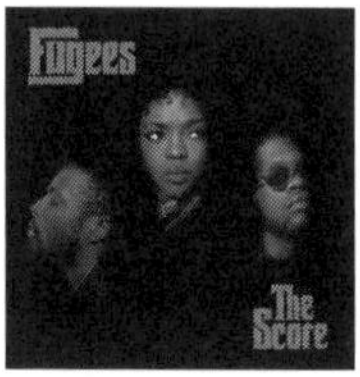

FUGEES
"The Score"
ローリン・ヒルもワイクレフ・ジョンもメンバーだったフージーズの96年のセカンドは基本的にはヒップ・ホップのアルバムですが、オリジナルを大きく上回るローリンの驚くほどソウルフルな〈キリング・ミー・ソフトリー〉は大ヒットしました。またワイクレフがカヴァーした〈ノー・ウマン・ノー・クライ〉も彼らのスタイルによく合った鋭いセンスの選曲でした。
Ruffhouse, 1996

といっても、ときたま耳に入ってきて面白く感じるラッパーもいます。その一人がナズです。彼はオルー・ダラというユニークなヴェテラン・トランペット奏者／歌手の息子です。先に有名になった息子のおかげでオルー・ダラが自己名義のレコードを制作する機会を得ましたが、ナズの素晴らしい親孝行を讃えたい気持ちです。君は偉い！

1	**Money's Too Tight To Mention** マニーズ・トゥー・タイト・トゥ・メンション	Valentine Brothers ヴァレンタイン・ブラザーズ
2	**We Need Some Money** ウィ・ニード・サム・マニー	Chuck Brown チャック・ブラウン
3	**Bustin' Loose** バスティン・ルース	Chuck Brown チャック・ブラウン
4	**The Revolution Will Not Be Televised** ザ・レヴォルーション・ウィル・ノット・ビー・テレヴァイズド	Gil Scott-Heron ギル・スコット・ヘロン
5	**Rapper's Delight** ラパーズ・ディライト	Sugarhill Gang シュガーヒル・ギャング
6	**The Message** ザ・メセッジ	Grandmaster Flash & The Furious Five グランドマスター・フラッシュ＆ザ・フューリアス・ファイヴ
7	**Planet Rock** プラネット・ロック	Afrika Bambaataa アフリカ・バンバータ
8	**Looking For The Perfect Beat** ルキング・フォー・ザ・パーフェクト・ビート	Afrika Bambaataa アフリカ・バンバータ
9	**Rockit** ロキット	Herbie Hancock ハービー・ハンコック
10	**People Everyday** ピープル・エヴリデイ	Arrested Development アレステッド・デヴェロプメント
11	**Tennessee** テネシー	Arrested Development アレステッド・デヴェロプメント
12	**Killing Me Softly With His Song** キリング・ミー・ソフトリー・ウィズ・ヒス・ソング	Fugees フージーズ
13	**On & On** オン・アンド・オン	Erykah Badu エリカ・バドゥー
14	**I'm Thankful** アイム・サンクフル	Spanky Wilson & The Quantic Soul Orchestra スパンキー・ウィルスン＆ザ・クウォンティック・ソウル・オーケストラ
15	**Lovely Day** ラヴリー・デイ	Jill Scott ジル・スコット
16	**Brown Sugar** ブラウン・シュガー	D'Angelo ディアンジェロ

このリストでは八〇年代以降の時代の音楽の中からぼくがソウルの影響を強く感じる曲を選びました。ヴァレンタイン・ブラザーズ①は実はシンプリー・レッドのデビュー曲として知ったダンス・ファンクの名曲です。チャック・ブラウン②③はワシントンDCのゴーゴーというきわめてローカルなシーンでずっと活動した、スウィングするファンクの名人。

八〇年代以降はヒップホップの時代です。その前兆は色々な形で現れてはいましたが、ラップというスタイルを七〇年代初頭に意識させたギル・スコット・ヘロン④の先駆性は押さえておきたいです。

初期のラップはまだサンプリングができない時代で、〈ラッパーズ・ディライト〉⑤はシックの〈グッド・タイムズ〉をサンプルしたように聞こえても、実はすべてスタジオ・ミュージシャンたちの生演奏です。グランドマスター・フラッシュの画期的な〈ザ・メセッジ〉⑥で演奏しているのも同じ人たちです。初期のラップとは別に「ヒップホップ」という新しい文化を意識したのはアフリカ・バンバータからだったと思います。いち早くＹＭＯ辺りをサンプリングしていたこのサウンドは明らかに新たな出発でした。ターンテーブルを楽器に使ったハービー・ハンコックの⑨も斬新でした。

ヒップホップから段々メロディの要素が消えていくと個人的にはついて行けなくなり、かつてのソウルの感じが少しでも残っているものにこだわりだしました。初期のアレステッド・デヴェロプメントがいい例で、フュージーズの〈キリング・ミー・ソフトリー～〉⑫に至ってはロバータ・フラックよりローリン・ヒルの方が好きです。デビューした時（九六年）のエリカ・バドゥーには興奮しました。ヴォーカリストではジル・スコットがさらに好きですが、彼女が歌うビル・ウィザーズの〈ラヴリー・デイ〉⑮は格別です。スパンキー・ウィルスンについてはよく分かりませんが、クウォンティックの二〇〇六年のアルバムに入っている〈アイム・サンクフル〉⑭はファンキーなソウルの名曲です。

ネオ・ソウルの歌手としてディアンジェロ⑯⑰⑱は最もソウルの黄金時代の雰囲気を持っていますが、作品の数は異常に少なく、ミニ・アルバムを含めて

17	**Devil's Pie** デヴィルズ・パイ	D'Angelo ディアンジェロ
18	**Betray My Heart** ビトレイ・マイ・ハート	D'Angelo ディアンジェロ
19	**Hole In The Bucket** ホール・イン・ザ・バケット	Michael Franti & Spearhead マイケル・フランティ＆スピアヘッド
20	**Stay Human** ステイ・ヒューマン	Michael Franti & Spearhead マイケル・フランティ＆スピアヘッド
21	**Bomb The World** ボム・ザ・ワールド	Michael Franti & Spearhead マイケル・フランティ＆スピアヘッド
22	**Hang On In There** ハング・オン・イン・ゼア	John Legend ジョン・レジェンド
23	**Right To Be Wrong** ライト・トゥ・ビー・ロング	Joss Stone ジョス・ストーン
24	**Like A Star** ライク・ア・スター	Corinne Bailey Rae コリーン・ベイリー・レイ
25	**Put Your Records On** プット・ユア・レコーズ・オン	Corinne Bailey Rae コリーン・ベイリー・レイ
26	**Rehab** リハブ	Amy Winehouse エイミ・ワインハウス
27	**Tears Dry On Their Own** ティアーズ・ドライ・オン・ゼア・オウン	Amy Winehouse エイミ・ワインハウス
28	**Love Is A Losing Game** ラヴ・イズ・ア・ルージング・ゲイム	Amy Winehouse エイミ・ワインハウス
29	**This Land Is Your Land** ディス・ランド・イズ・ユア・ランド	Sharon Jones & The Dap-Kings シャロン・ジョーンズ＆ザ・ダップ・キングズ
30	**What If We All Stopped Paying Taxes?** ウォット・イフ・ウィ・オール・ストップト・ペイング・タクシズ？	Sharon Jones & The Dap-Kings シャロン・ジョーンズ＆ザ・ダップ・キングズ
31	**It Don't Come Easy** イット・ドント・カム・イージー（明日への願い）	Bettye Lavette ベティ・ラヴェット
32	**Things Have Changed** シングズ・ハヴ・チェインジド	Bettye Lavette ベティ・ラヴェット

二十数年に四枚しかありません。しかし、そのクオリティはとても高く、今も次に何をやるか期待せずにはいられません。三枚のスタジオ録音のアルバムから一曲ずつ選びました。

ジョン・レジェンドは基本的に自作を歌う人ですが、ザ・ルーツと一緒に作ったソウル時代のカヴァー・アルバムから、マイク・ジェイムズ・カークランドの素晴らしい曲〈ハング・オン・イン・ゼア〉㉒を選びました。

〇〇年代に入ってイギリスからソウルに根ざしたスタイルの女性歌手が次々と現れました。ジョス・ストーンの初期の曲〈ライト・トゥ・ビー・ロング（失敗する権利）〉㉓は子供のことを過剰にかまう親への強烈な抵抗の歌だと思います。

もっとソフトな感じのコリーン・ベイリー・レイは、可愛らしさと切なさが混ざったところが好きです。初期の曲を二曲㉔㉕選びました。

エイミ・ワインハウスの悲劇は今やドキュメンタリー映画でもよく知られています。二作目のアルバム『バック・トゥ・ブラック』から、リハビリ施設よりレイ・チャールズやドニー・ハサウェイの方が治癒効果が高いと訴えた〈リハブ〉㉖をはじめ、三曲をこのリストに追加しました㉗㉘。

そして本場アメリカから、『バック・トゥ・ブラック』でエイミのバックも務めたブルックリンのダップ・トーンズと共に一連のアルバムでソウルの黄金時代を再現したシャロン・ジョーンズ㉙㉚。レコード・デビューした頃にはすでに中年でしたが、癌で倒れるまで見事な活動をしました。

ベティ・ラヴェットは六〇年代にデビューしたものの、不運続きで正当な評価を受けられず、〇〇年代に入ってから理解のある良いプロデューサーに恵まれて、常にクオリティの高いアルバムを発表しています。ＵＫロックの曲を独自のスタイルで解釈した『インタープレテイションズ』から、リンゴ・スターの曲を決定的に生まれ変わらせた〈イット・ドント・カム・イージー〉㉛、そしてボブ・ディランの曲を特集した〈シングズ・ハヴ・チェインジド〉㉜でこのリストを締めくくります。

11

魂のゆくえ

——むすびに代えて

「ソウル」が「魂」ということなら、たとえ音楽の形が変わっても、ソウルは永遠に生き続けるはずです。仮に七〇年代半ばにはソウル・ミュージックがなくなっていたとして、そのソウル・ミュージック以外に、ぼくにソウルを感じさせる音楽をここで少しご紹介しましょう。

ボブ・マーリーとトゥッツ・ヒバート

まずはボブ・マーリー。そもそもR&Bやソウルからの影響がとても強いジャマイカのレゲェを代表する名歌手です。イギリスのアイランド・レコードと契約してから彼がザ・ウェイラーズとともに発表した一連のアルバム（少なくとも七二年のデビュー作『キャッチ・ア・ファイアー』から七七年の『エクソダス』まで）は最上級の音楽だし、欧米以外の地域の音楽に対する全世界の人々の耳をオープンにした役割も見逃せません。

レゲェ歌手ではもう一人、トゥッツ&ザ・メイタルズのトゥッツ・ヒバートこそソウルの影響が絶大です。ちょっと洗練されているボブ・マーリーと比べると、もっと泥臭いトゥッツはオーティス・レディングあたりの影響をもろに受けた歌手で、八八

BOB MARLEY & THE WAILERS
"Catch A Fire (Delux Edition)"

ウェイラーズとの出会いはすごい衝撃でした。英米の音楽しか知らなかった当時のぼくは、このテンポの遅い、低音のどっしりしたグルーヴに圧倒されました。このアルバムをきっかけに世界観が少し変わったかもしれません。プロデューサーのクリス・ブラックウェルが施した工夫がよく分かる未発表ジャマイカ・ヴァージョンがディスク２に入っています。

Island, 1973/2001

年には、彼にとって念願だったにちがいない『トゥッツ・イン・メンフィス』というソウルの名曲集を、彼独特のスタイルで見事に作り上げました。

ユッスーとサリフ

イギリスの植民地だったため、ジャマイカの音楽はほとんどロンドンを経由して我々の耳に届くのに対して、八〇年代後半から注目され始めた西アフリカ諸国の音楽の多くはパリ経由でやってきました。いまだにフランス語が共通言語であるセネガルやマリなどのミュージシャンには、パリを拠点とする人が多かったし、九〇年代半ばまでフランス政府は文化政策としてフランス語圏の音楽を積極的に世界にアピールしていました。残念ながらその文化政策の予算はいつまでも続くものではなかったのですが、それでもかなりの宣伝効果がありました。

その中では、八〇年代後半に初めて聞いたセネガルのユッスー・ンドゥールとマリのサリフ・ケイタが、いずれも聞き手を圧倒するものすごい声の持ち主でした。歌の内容が分からなくても、声そのものに表現力がみなぎっています。イスラムの文化を感じさせる独特の節回しはなんとも形容しがたいものですが、これこそソウル、という感じがします。彼らの音楽をきっかけにまずは西アフリカ、そしてアフリカ大陸全

YOUSSOU N'DOUR
"Egypt"

国際市場向けに無理をすることもあるユッスーが、2004年にだれもがびっくりするアルバムを発表しました。本国セネガルでも深く根付いているイスラムのスーフィ文化を讃える曲を、エジプトで大規模なオーケストラと一緒に録音したのです。ふだんのダンス・ミュージックとはまるっきり違う世界ですが、ユッスー・ンドゥールのソウルが強く感じられる力作です。 Nonesuch, 2004

体の様々な音楽に興味を持つようになり、今に続く新たな終わりなき旅を楽しんでいます。

砂漠のブルーズ

アフリカの音楽の中で特にアメリカのブラック・ミュージックとのつながりを強く感じるのは、マリの北部、サハラに近い地域のいわゆる「砂漠のブルーズ」と呼ばれるスタイルです。八〇年代終盤に来日も果たし、九〇年代にライ・クーダーとの共演作『トーキング・ティンバクトゥー』でワールド・ミュージック部門のグラミー賞を受賞したアリ・ファルカ・トゥーレは、歌とギター中心の乾いたサウンドで注目されました。初めて聞いた時はいかにもブルーズの原形という印象が強く、彼自身もブルーズをある程度聞いているらしいと聞きましたが、本人はあくまでマリの音楽を演奏しているだけだと言い張っていました。

　よく比較されたジョン・リー・フッカーのこともよく知らないと言っていた彼は、自分の出身地で農業を営むことが最も大切だと主張し、演奏活動のために海外を出歩くのはあまり好まなかったようです。途中から海外録音も拒否していたのですが、地元ニアフンケの現地録音でアルバムを作っていたし、晩年はマリの首都バマコに設備

SALIF KEITA
"Moffou"

80年代半ばに国際デビューを果したマリのサリフ・ケイタは驚くべき歌声で話題を呼びましたが、西洋的すぎる音作りに違和感もありました。2002年のこの『モフー』ではアフリカの民族楽器を多く使い、西アフリカでしかありえない一流のモダン・ミュージックを実現しました。これからアフリカの音楽を聴いてみたいという方にぜひお勧めします。

Universal, 2002

の整った新しいスタジオが建ったので、そのおかげで癌で体調が悪化していた二〇〇五年に遺作『サヴァヌ』を作ることができました。イギリスやアメリカのミュージシャンもゲスト参加したこのアルバムは「砂漠のブルーズ」と呼ぶにふさわしい素晴らしい内容です。この作品を残して彼は二〇〇六年に六十四歳で亡くなりました。

「砂漠のブルーズ」という呼び方が使われ始めたのは、じつはアリ・ファルカ・トゥーレではなく、同じマリの北部に住むトゥアレグ民族のメンバーによるティナリウェンというグループに対してのことです。複数の原始的な音のエレクトリック・ギターと、チャントのような歌、そして手拍子をはじめとする素朴なパーカッションだけのサウンドには不思議なほどの引力があり、これこそブルーズ発祥の音かと考えさせられます。

マリから北西の方角、アフリカの最西端に位置するモーリタニアには、女性歌手マルーマがいます。彼女の歌を聞くと、節回しは多分にイスラム的な響きですが、歌のフィーリングは時々若いアリーサ・フランクリンを連想させるものがあり、ヴェールをかぶった姿からは想像しにくいかもしれませんが、きわめてソウルフルに感じました。

ALI FARKA TOURE
"Savane"

64歳で亡くなったアリ・ファルカ・トゥーレの遺作。珍しくブルーズを意識した作り方をしています。イギリス人のハーモニカ奏者リトル・ジョージ・スエレフや、ＪＢとのつながりの深いサックス奏者ピー・ウィー・エリスなども参加していますが、基本は土の香りが高い、いつもの歌とギターが聴けます。偉大なミュージシャンの最後を飾る名作です。
World Circuit, 2006

地球のソウル――ワールド・ミュージック

イスラム文化の流れは、地中海を挟んで北側に位置する南スペインのフラメンコにも通じています。そしてスペインは中世にはアイルランドとつながっていたとも言われます。ぼくが最高のソウル・シンガーの一人だと思っているヴァン・モリソンを、無理なこじつけでアフリカにつなげようというつもりはありませんが、この文化の流れは非常に興味深いものではあります。

そういえば、初めて聞いた沖縄の音楽の旋律も、なぜかフラメンコに似ていると感じました。これには何の根拠があるわけでもなく、たんにぼくの耳がおかしいだけに違いないのですが、音楽で感情をストレートに表現することを仮にソウルと呼ぶなら、今挙げたさまざまな国の音楽をはじめ、世界のあらゆる国にソウルは元気に存在していることは言うまでもありません。ここではレゲエとアフリカの音楽に絞って取り上げましたが、日本ならたとえば青森県の津軽地方の音楽などは、フィーリング的にソウルやブルーズに驚くほど近いものだと思います。

「ワールド・ミュージック」という言葉は、一九八七年にロンドンのパブでの話し合いの結果、英語圏以外の音楽をレコード店に並べるときの対策として生まれたもので、音楽の呼び方としては当時あまり感心しませんでした。さまざまな文化や国の音

TINARIWEN
"Aman Iman"

サハラ砂漠を含むマリ北部のトゥアレグ民族は、ブルーズの素と言いたくなるような、素朴ながら不思議な引力を持った"デザート・ブルーズ"を作りだしました。原始的なエレクトリック・ギター、手拍子、チャントのような歌だけで成り立つこの音楽は世界的にファンを集めています。この3作目では、グループのまとまりもとてもよく、音も素晴らしいです。

Independiente, 2007

楽をひとつに括ってしまうのは商売臭くて、それぞれの音楽に対して失礼な気がするからです。

しかし、そうこうしているうちに人間は何にでも慣れてしまうもので、基本的な考え方は変わっていませんが、どういう音楽が好きか？ と訊かれたときに、ある時期「ワールド・ミュージック」と答えることもありました。ただ、レコード店がほとんどなくなり、ストリーミングが主流になってきた二十一世紀の音楽界では、もはや音楽をジャンルで分類する必要もないと思います。

ソウル・ミュージックにしてもどう定義するか、人それぞれ色々な意見がありますが、この本で取り上げているミュージシャンの作品に少しでも触れていただければ嬉しいかぎりです。

MALOUMA
"Dunya"

サハラの西側、モーリタニア出身の女性歌手マルーマの歌にはイスラム文化の雰囲気が色濃いのですが、不思議とアリーサ・フランクリンのようなソウル・ミュージックを連想させられます。ライヴでの彼女は、頭にスカーフを巻いていますが、動きは色っぽく、たいへん魅力的でした。西と北、両方のアフリカの要素が混じり合ってこそ、こんな面白いサウンドが可能になったのでしょう。 Marabi, 2003

1	**Slave Driver** スレイヴ・ドライヴァー	Bob Marley & The Wailers ボブ・マーリー＆ザ・ウェイラーズ
2	**400 Years** 400イヤーズ	Bob Marley & The Wailers ボブ・マーリー＆ザ・ウェイラーズ
3	**Get Up, Stand Up** ゲット・アップ、スタンド・アップ	Bob Marley & The Wailers ボブ・マーリー＆ザ・ウェイラーズ
4	**Them Belly Full (But We Hungry)** ゼム・ベリー・フル（バット・ウィ・ハングリー）	Bob Marley & The Wailers ボブ・マーリー＆ザ・ウェイラーズ
5	**No Woman No Cry** ノー・ウマン、ノー・クライ	Bob Marley & The Wailers ボブ・マーリー＆ザ・ウェイラーズ
6	**The Harder They Come** ザ・ハーダー・ゼイ・カム	Jimmy Cliff ジミー・クリフ
7	**Funky Kingston** ファンキー・キングストン	Toots & The Maytals トゥッツ＆ザ・メイタルズ
8	**(I've Got) Dreams To Remember** （アイヴ・ゴット）ドリームズ・トゥ・リメンバー	Toots Hibbert トゥッツ・ヒバート
9	**Love And Happiness** ラヴ・アンド・ハピネス	Toots Hibbert トゥッツ・ヒバート
10	**Music For Gong Gong** ミュージック・フォー・ゴン・ゴン	Osibisa オシビサ
11	**Synchro System** シンクロ・システム	King Sunny Ade キング・サニー・アデ
12	**Nelson Mandela** ネルソン・マンデラ	Youssou Ndour & Etolie de Dakar ユッスー・ンドゥール＆エトワール・ドゥ・ダカール
13	**Set** セット	Youssou Ndour ユッスー・ンドゥール
14	**Mandjou** マンジュ	Salif Keita (Les Ambassadeurs) サリフ・ケイタ（アンバサドゥール）
15	**Yamore** ヤモレ	Salif Keita w. Cesaria Evora サリフ・ケイタ with セザリア・エヴォラ
16	**Bakoye** バコイェ	Ali Farka Toure アリ・ファルカ・トゥーレ

ボブ・マーリーは良い曲がありすぎて困りますが、奴隷の歴史に触れるなどメッセージ性の強い曲を選んでみました①～⑤。アイランド・レコードのクリス・ブラックウェルが彼を本気で売り出すことになったきっかけのひとつに、彼がスターに育てようとしていたジミー・クリフ⑥が大手EMIに横取りされたことがあります。ジミーが主演した映画『ザ・ハーダー・ゼイ・カム』はソウル・ミュージック関係者の体験に重なるところが多い名作です。トゥッツは代表曲⑦と、メンフィスのアルバムからオーティス⑧とアル・グリーン⑨のカヴァーをどうぞ。

ぼくの世代のイギリス人にとって、アフリカ音楽との最初の接点は七〇年代初頭のオシビサ⑩でした。ロンドン在住のメンバーはガーナやナイジェリア、カリブ海の島々の出身で、ロック、ソウル、ジャズの要素も含むハイブリッドな音楽は当時のロンドンのクラブ・シーンで人気でした。

マーリーが八一年に亡くなった後、クリス・ブラックウェルはナイジェリアのキング・サニー・アデに力を入れました。彼の「ジュジュ・ミュージック」は大きく注目され、来日もしました。〈シンクロ・システム〉⑪は、クールなグルーヴでギターがカッコいいその頃の代表曲です。

ピーター・ゲイブリエルのアルバム『So』で一気に注目されたユッスー・ンドゥールはセネガル国内ではすでに大スターでした。今も現役ですが、八〇年代の勢いがやはり素晴らしく、ここではライヴ⑫とスタジオ録音⑬を一曲ずつ選びました。

二〇一九年に引退を発表したマリのサリフ・ケイタは、七〇年代から伝説のレイル・バンドのヴォーカリストとして知られていました。その後在籍したアンバサドゥールの有名曲⑭と、僕が最も好きな二〇〇二年のアルバム『Moffou』から、カボ・ヴェルデの女性歌手セザリア・エヴォラとの美しいデュエット⑮を選びました。

アリ・ファルカ・トゥーレの砂漠のブルーズは、衝撃的な出会いだった八九年のアルバムから〈バコイエ〉⑯、そして遺作『サヴァヌ』から〈ソヤ〉⑰で味わっていただきましょう。続いてトゥアレグの

17	**Soya** ソヤ	Ali Farka Toure アリ・ファルカ・トゥーレ
18	**Matadjem Yinmixan (Why All This Hate Between You)** マタジェム・インミクサン	Tinariwen ティナリウェン
19	**Dunya** ドゥニャ	Malouma マルーマ
20	**Koronoko** コロノコ	Rokia Traore ロキア・トラオレ
21	**Sounsoumba** スンスンバ	Oumou Sangare ウームー・サンガレ
22	**Jama Ko** ジャマ・コ	Bassekou Kouyate バセクー・クヤテ
23	**Watina** ワティナ	Andy Palacio アンディ・パラシオ
24	**New Afro Spanish Generation** ニュー・アフロ・スパニッシュ・ジェネレイション	Buika ブイカ
25	**Candombe Cumbele** カンドンベ・クンベレ	Santana w. Buika サンタナ with ブイカ
26	**Bemba Colora** ベンバ・コローラ	Angelique Kidjo アンジェリク・キジョ
27	**La Rumba Me Llamo Yo** ラ・ルンバ・メ・リャモ・ヨ	Dayme Arocena ダイメ・アロセナ
28	**El Son Te Llama** エル・ソン・テ・リャマ	Orchestra Baobab オルケストラ・バオバブ
29	**Utrus Horas** ウトラス・ホラス	Orchestra Baobab オルケストラ・バオバブ
30	**Kanimba** カニンバ	Trio Da Kali & Kronos Quartet トリオ・ダ・カリ＆クロノス・カルテット
31	**Up Above My Head** アップ・アバヴ・マイ・ヘッド	Rhiannon Giddens リアノン・ギデンズ
32	**Slave Driver** スレイヴ・ドライヴァー	Our Native Daughters アワ・ネイティヴ・ドーターズ

開拓者バンド、ティナリウェンの評価の高いアルバム『アマン・イマン（水は命）』から⑱を、また本文でも触れているモーリタニアのマルーマの色っぽい歌⑲を取り上げます。

マリの女性をさらに三人紹介します。子供の頃に海外生活を経験しているロキア・トラオレが、ヨーロッパやアメリカの音楽をマリの伝統的な楽器と絶妙に混ぜ上げた名盤『チャマンチェ』から〈コロノコ〉⑳。自分の幸せを追求する女性の権利を訴えたウームー・サンガレ㉑は今や大御所歌手です。バンジョーの祖先のひとつとされる素朴な弦楽器ンゴーニの名人バセクー・クヤテ㉒の妻は「マリのティーナ・ターナー」と呼ばれるアミ・サコ。たしかに迫力あります！

カリブ海で最もアフリカの文化が色濃いとされるガリフナという民族は中米のベリーズ、ホンデュラスなどに棲む少数民族です。そのガリフナの音楽を代表するアンディ・パラシオ㉓は二〇〇八年に四十七歳で悲劇的な病死をしました。

赤道ギニアからスペインに亡命した親を持ち、マヨルカ島で生まれたブイカは、フラメンコやジャズが混ざった独自のスタイルを持っていますが、R&B寄りの曲㉔を選んでみました。二〇一九年にはサンタナの久々の力作『アフリカ・スピークス』に全面参加し、大きな貢献を果たしています㉕。

ベナン出身のアンジェリク・キジョはアフリカと西洋の相互関係に焦点を当てた作品が多く、二〇一九年の『セリア』ではキューバの伝説の歌手セリア・クルスのレパートリーを集めています。

キューバこそヨーロッパとアフリカの文化が完全に融合した国。そのキューバから二〇一五年に二十三歳でデビューし、ヒップホップの影響も視野に入れたジャズ寄りのスタイルでキューバの新時代（アルバム・タイトルはまさにそれを意味する“Nueva Era”）を示唆するダイメ・アロセナは、アフリカ起源の宗教サンテリアの信者で真っ白のステージ衣装が印象的です。小柄ですが、その存在感と声量には圧倒的なものがあります。ここではそのアルバムから〈La Rumba Me Llamo Yo（私はルンバと名乗る）〉㉗を。

その曲名から連想したのは〈El Son Te Llama（ソ

ンは君を呼ぶ〉㉘というやはりアフロ・キューバンの曲。セネガルの名楽団、オーケストラ・バオバブの演奏です。ユッスー・ンドゥール以前、七〇年代のセネガルで最も人気の高いバンドだったバオバブは、ユッスーがもたらしたmbalax（ンバラッ）という新しいダンス・ミュージックに押されて一度は解散。その後ヨーロッパで彼らの音楽への関心が高まり、一五年ぶりに再結成して〇三年に発表した『スペシャリスト・イン・オール・スタイルズ』は名盤です。アフリカならではの感覚で彼らが解釈するキューバン・ミュージックには独特のソウルがあります。再結成のきっかけとなったのは、一九八九年にイギリスで発表された『Pirates Choice』という海賊盤っぽいタイトルのアルバムで、その中で話題になった曲㉙をここで紹介します。

二〇一七年、マリのトリオ・ダ・カリ（ハワ・カセ・マディ・ジャバテという太く低い声の女性歌手とバラフォンとベース・ンゴーニの三人）と、世界的に有名なアメリカの弦楽四重奏団クロノス・カルテットの共演盤『ラディリカン』が大きな話題を呼びました。ゴスペル歌手マヘイリア・ジャクスンの曲をバンバラ語に翻訳した曲もありますが、ここではオリジナル曲〈カニンバ〉㉚を選びました。

最後にリアノン・ギデンズ。彼女はノース・カロライナ州出身、黒人と白人のハーフですが、カロライナ・チョコラット・ドロップスというアフリカン・アメリカンのフォーク・トリオの活動に続いて、ヴァラエティ豊かなアルバム『トゥモロウ・イズ・マイ・ターン』を二〇一五年に発表し、絶賛を浴びました。その中から、ゴスペルのプレイリストでフィーチャーしたシスター・ローゼタ・サープの〈アップ・アバヴ・マイ・ヘッド〉㉛を。

そのリアノンがアフリカン・アメリカンの女性三人と組んで、アワ・ネイティヴ・ドーターズ名義で二〇一九年に発表したアルバムでは、このリストの冒頭で紹介しているボブ・マーリーの〈スレイヴ・ドライヴァー〉㉜を歌っています。ンゴーニのように響かせたリアノンのバンジョー、そして四人のブルージーなハーモニーが堪りません！

あとがき

　この本が最初に出版された三十年前、本文で取り上げている音楽のほとんどがすでに過去のもので、本を書いていた時点で最も人気の高いブラック・ミュージックを作っていたのは、マイケル・ジャクソンだったり、ウィトニー・ヒューストンだったり、プリンスだったりしたのです。三十年後にこの三人が全員この世を去ってしまっているとは、まさか想像できませんでした。しかも三人とも決して穏やかな死に方をしたわけではありません。二十一世紀にデビューしてネオ・ソウルの希望の星と思えたエイミ・ワインハウスもあっという間にいなくなってしまいました。

　この四人のことを思い出すと、どうしても音楽を作る人たちとマス・メディアの関係について考えずにはいられません。特に『エイミ』というドキュメンタリー映画を見たときは、エイミ・ワインハウスを殺したのはパパラッツィの連中ではないかと、憎しみを感じるほどでした。ミュージシャンがいい曲を作ってそれが大ヒットとなれば、たちまちその人は「スター」になり、マス・メディアをはじめ、最近ではインタネットでもSNSなどで誰からも好き勝手なことを言われる羽目になります。私生活はもはや存在しないといってもいいと思います。一般大衆の「知る権利」はどこまで及ぶものでしょうか。

テニス選手の大坂なおみはミュージシャンではありませんが、スポーツ選手もエンタテイナーとして扱われるメディアで、世界ランキング一位になったあたりから異常なほどのプレッシャーをかけられるようになり、グランド・スラム大会の一回戦で負けて、ほっとした表情を見せました。これでしばらく注目されずに済むから、ということでした。その反応を甘いと感じる人もいるかもしれません。スポーツ選手でもミュージシャンでも、プロなら当然その道で成功したいにきまっているのですが、有名になることがいかに大変なことであるか、プロの道に入りたての多くの若い人にはとうてい分からないでしょう。

そういうぼくも、二〇一八年に亡くなったアリーサ・フランクリンのつまらない自伝に不満を感じ、デイヴィッド・リッツが彼女の協力を得ずに書き上げた見事な評伝『リスペクト』に感激したのですが、人には知って欲しくないことが本になったために、アリーサ本人はそうとう苦しかったはずです。

今後ますます課題が大きくなっていくメディアで働きつつ、余計なことにとらわれずにいい音楽を紹介し続ける姿勢をいかにして維持するか、そんなことを考えながら、『魂のゆくえ』の新版をお届けします。

二〇一九年八月

ピーター・バラカン

ハ

ヒ

フ

ヘ

ソ

タ

チ

テ

ト

ナ

ニ

ネ

ノ

人名索引

ス

セ

オ

カ

キ

ク

ケ

コ

サ

シ

人名索引

※プレイリストを除く本文とCDガイドから作成しました。

ピーター・バラカン（Peter Barakan）

一九五一年ロンドン生まれ。ロンドン大学日本語学科を卒業後、一九七四年、音楽出版社で著作権関係の仕事に就くため来日。一九八〇年に退社後、執筆活動やラジオ番組への出演などを始める。八〇年代にはYMOとそのメンバーの海外コーディネーションを担当。一九八四年から三年半、TBSテレビのミュージック・ヴィデオ番組『ザ・ポッパーズMTV』の司会を務めた。

現在はフリーランスのブロードキャスターとして活動。ラジオ／テレビで『ウィークエンド・サンシャイン』（NHK-FM）、『バラカン・ビート』（インターFM）、『ライフスタイル・ミュージアム』（TOKYO FM）、『ジャパノロジー・プラス』（NHK BS1、NHKワールド）などの番組を担当。

また、二〇一四年から一〇年にわたって毎年秋に音楽フェスティヴァル『Peter Barakan's Live Magic!』を監修。

おもな著書に『ピーター・バラカン式英語発音ルール』（駒草出版）、『テイキング・ストック　ぼくがどうしても手放せない21世紀の愛聴盤』（駒草出版）、『ロックの英詞を読む――世界を変える歌』（集英社インターナショナル）、『ピーター・バラカンのわが青春のサウンドトラック』（光文社知恵の森文庫）などがある。

ARTES

artespublishing.com

新版《しんぱん》魂《ソウル》のゆくえ

二〇一九年九月二〇日　初版第一刷発行
二〇二五年五月一五日　初版第四刷発行

著者……ピーター・バラカン

発行者……鈴木　茂・木村　元
発行所……株式会社アルテスパブリッシング
〒一五五-〇〇三二
東京都世田谷区代沢五-一六-二三-三〇三
TEL　〇三-六八〇五-二八八六
FAX　〇三-三四一一-七九二七
info@artespublishing.com

印刷・製本……中央精版印刷株式会社
イラスト……市村　譲
装丁……折田　烈（餅屋デザイン）

ISBN978-4-86559-208-5
C0073　Printed in Japan